Quinoa, Amarant, Teff & Co

 HÄDECKE

Erica Bänziger

Quinoa
Teff & Co Amarant

glutenfreie und vegetarische Genussrezepte

Lizenzausgabe für Walter Hädecke Verlag

D-71263 Weil der Stadt

www.haedecke-verlag.de

© 2012 Fona Verlag AG, CH-5600 Lenzburg

www.fona.ch

Lektorat

Léonie Schmid

Co-Lektorat für Lizenzausgabe

Monika Graff

Konzept und Gestaltung

FonaGrafik, Hiroe Mori

Gestaltung Cover

Julia Graff, Design & Produktion

Foodbilder

Andreas Thumm, Freiburg i. Br.

Druck

Druckerei Uhl, Radolfzell

ISBN 978-3-7750-0638-5

Widmung und Dank

Dieses Buch widme ich den Menschen in den Anden und in Peru, die Quinoa und Amarant anbauen und deren Fortbestand sichern. In meinen Dank einschließen möchte ich auch die Teff-Produzenten. Die Naturvölker haben meine Hochachtung. Ich schätze ihre Arbeit und fühle mich mit ihnen verbunden.

INHALT

Abkürzungen

EL	gestrichener Esslöffel
TL	gestrichener Teelöffel
l	Liter
dl	Deziliter
ml	Milliliter
mg	Milligramm
Msp	Messerspitze

VORWORT

Quinoa und Amarant haben in meiner Küche schon vor Jahren Einzug gehalten. Teff kenne ich erst seit Kurzem. Die drei zählen zusammen mit Hirse, Erdmandel, Mais, Buchweizen und Kastanie zu den glutenfreien Getreidesorten respektive zu den Getreideersatz-Produkten. Um diese acht Produkte geht es in meinem Buch.

Getreide hat in meinem Leben schon früh eine wichtige Rolle gespielt, ernährte ich mich doch eine Zeitlang vegetarisch, um dann später wieder sporadisch kleine Mengen Fleisch und Fisch in den Speiseplan zu integrieren. Eine vegetarische Ernährung hat gesundheitliche und ökologische Vorteile. Je mehr Fleisch konsumiert wird, desto weniger pflanzliche Lebensmittel gibt es auf diesem Planeten und desto mehr Menschen leiden Hunger.

Die sogenannten Scheingetreide (Pseudocerealien) spielen in der vegetarischen Ernährung wegen ihres beachtlichen Eiweißanteils und der guten Sättigung eine wichtige Rolle. Amarant, Quinoa, Teff und Co. kannte man bis vor 10 Jahren praktisch nur im Reformhandel, heute sind sie fast überall erhältlich. Das hat sicher auch damit zu tun, dass immer mehr Menschen unter einer Glutenunverträglichkeit leiden. Zudem gibt es auch Menschen mit der Blutgruppe 0, bei denen Gluten zu gesundheitlichen Problemen führt. Das Gleiche gilt bei Rheuma und Arthritis. Pasta, Pizza und Brot lieben alle, nur sind sie meist aus glutenhaltigem Weizen hergestellt. Auch der je länger je beliebtere Dinkel enthält

Gluten. Ganzheitlich arbeitende Ernährungstherapeuten empfehlen, den Stoffwechsel nicht jeden Tag mit Gluten zu belasten und vermehrt glutenfreies Getreide und Scheingetreide in die tägliche Ernährung einzubauen.

Gluten hat eine wichtige Backeigenschaft. Es ist mitverantwortlich – die gleiche Funktion haben zum Teil auch Eier und ganz besonders Hefe und Backpulver –, dass der Kuchen und das Brot luftig werden. Amarant, Quinoa, Mais, Kastanien, Buchweizen und Co. können das nicht bieten. Trotzdem sind sie vielseitig einsetzbar und echte Gaumenfreuden.

Ich habe viel ausprobiert, manches Rezept auch wieder verworfen, weil das Resultat nicht befriedigt hat.

Ein großes Plus ist auch, dass alle Produkte eine kurze Kochzeit haben. Schnell und gesund lautet also das Motto.

Guten Appetit

Erica Bänziger

Verscio im schönen Centovalli/Tessin, Herbst 2012

WAS IST GLUTEN?

Gluten (lat. gluten = «Leim» oder Kleber oder Klebereiweiß) ist der Sammelbegriff für ein Stoffgemisch aus Eiweiß, das im Korn gewisser Getreidearten vorkommt.

Wenn man glutenhaltiges Mehl mit Wasser anrührt, wird die Masse gummiartig und elastisch. Gluten hat beim Backen eine wichtige Funktion. In Verbindung mit Wasser bildet es das sogenannte Klebereiweiß, das in den Backwaren das Teiggerüst bildet. Nur wenn das Mehl Gluten enthält, kann sich ein Brotlaib/ein Brötchen bilden (sonst gibt es einen Fladen). Die Glutenmenge ist für das Volumen ausschlaggebend. Gluten ist dehnbar und kann das Gärgas (Kohlendioxid) binden, eine Voraussetzung, damit das Gebäck aufgeht.

Gewisse Stoffe im Gluten können bei Menschen mit entsprechender Veranlagung zu Zöliakie führen, einer entzündlichen Erkrankung der Darmschleimhaut. Die Therapie besteht aus einer strengen Ernährung ohne Gluten. Nach neuesten Erkenntnissen wird Hafer (er muss aus einer Mühle stammen, die nur Hafer verarbeitet) auch bei Zöliakie gut vertragen.

Getreide mit einem hohen Glutengehalt sind Weizen, Dinkel, Kamut, Emmer, Einkorn und Hartweizen. Hafer und Gerste haben einen niedrigen Anteil an Klebereiweiß.

Getreidearten wie Teff, Hirse, Mais und Reis sowie Scheingetreide wie Quinoa, Amarant und Buchweizen sowie Erdmandeln und Kastanien sind glutenfrei.

AMARANT

gepuffter Amarant

AMARANT – KORN DER INKAS

Der Name «Amarant» stammt aus dem Griechischen und bedeutet so viel wie «der- / diejenige, der / die, nicht vergeht, ewig blüht». Die Gattung Amaranthus zählt zur Familie der Fuchsschwanzgewächse. Sie umfasst 60 bis 70 Arten. Davon werden zehn Arten mit 900 bis 1000 Sorten wirtschaftlich genutzt. Das Korn erinnert an Hirse, die eine ähnliche Wuchsform hat. Der Amarant zählt zu den Gräsern und ist ein Scheingetreide. Er wird bis 2 Meter hoch.

Geschichte

Der Amarant kommt auf allen Erdteilen vor. Seine Heimat ist Zentral- und Südamerika. Höhlenfunde lassen den Schluss zu, dass er eine der ältesten kultivierten Pflanzen ist.

Der bei uns erhältliche Amarant wurde schon von den Inkas, Mayas und Azteken angebaut. Er ist der bekannteste Amarant-Vertreter. Grabfunde belegen, dass er in Mexiko schon vor rund 9000 Jahren verwendet wurde. Nach altem Glauben schenkt der Amarant übernatürliche Kräfte und ein langes Leben. Diesem Geheimnis sind die Wissenschaftler auf der Spur, wohlwissend, dass das Korn von Power nur so strotzt.

Die Spanier hatten den Azteken im 16. Jahrhundert untersagt, den nährstoffreichen Amarant zu kultivieren. Nur dank dem Vorkommen in nicht erreichbaren, abgelegenen Gebieten konnte er überleben. Das Anbauverbot führte zum Tod von Millionen von Indios. Der Amarant geriet für Jahrhunderte in Vergessenheit. Im 20. Jahrhundert konnte er ein Comeback feiern. Man nannte den nährstoffreichen, glutenfreien Amarant wegen seiner Herkunft einfach Inka-Korn.

Heute wird der Amarant in warmen, trockenen Gebieten Süd- und Mittelamerikas, in den USA, in Afrika sowie im Mittleren und Fernen Osten angebaut. Er gedeiht bis auf eine Höhe von 4300 m.

Gemüse

In Europa ist der Amarant ein Ackerunkraut. Unkraut hin oder her – ich schätze das Kraut in meiner Wildpflanzenküche. Die Blätter sind eine Delikatesse und können wie Spinat zubereitet werden. Auch in tropischen Regionen liebt man den Amarant als Gemüse. Sämtliche Amarantarten sind essbar. Im Hausgarten ist er eine Zierpflanze (Gartenfuchsschwanz).

Anbau

Der Amarant ist anspruchslos und gegen Schädlinge resistent. Die Blütenbildung hängt von der Tageslänge ab. Je weiter das Anbaugebiet vom Äquator enfernt ist, desto weniger Blüten und damit Samen kann die Pflanze bilden. Aus vielen kleinen Blüten (200 weibliche und eine männliche Blüte) bilden sich nach der Befruchtung Samen. 1000 Körner wiegen gerade mal ein Gramm. Die Samen können gelb, rot oder schwarz sein oder eine Zwischenfarbe haben. In einer Blütendolde reifen bis zu 10 000 Samen.

Inhaltsstoffe

Die winzig kleinen Körner enthalten reichlich Stärke, aber kein Gluten. Der Eiweißgehalt ist mit 16 g je 100 g sehr hoch. Der Amarant überflügelt damit das einheimische Getreide. Hafer, unser eiweißreichstes Getreide, hat mit 7 % nur halb so viel Eiweiß wie der Amarant. 1 kg roher Amarant enthält gleich viel Eiweiß wie 21 Hot Dogs oder 22 Eier oder 15 Tassen Milch. Der Amarant ist eine gute Eiweißquelle. Vor allem Lysin, eine für den Menschen essentielle Aminosäure, ist stark vertreten. Lysin ist ein Baustein des Carnitins und verbessert den Energiehaushalt. Carnitin kommt auch im Fleisch vor. In Sportlerkreisen ist L-Carnitin als Leistungsförderer (Ausdauer) und guter Fettverbrenner bekannt. Mit seiner einmaligen Zusammensetzung hat es der Amarant sogar ins Gepäck der Nasa-Astronauten geschafft. Diese brauchen konzentrierte Nahrung. Für Menschen, die nicht an Zöliakie leiden, ist die Kombination mit Haferflocken sehr empfehlenswert. Im Reformhaus gibt es eine entsprechende Müeslimischung, ein ideales Frühstück für Jung und Alt.

Amarant ist reich an Eisen, Magnesium, Calcium, Kalium und Zink. Auch hier sind die Werte um ein Vielfaches höher als die des einheimischen Getreides. 150 g Amarant decken bei Erwachsenen den Tagesbedarf von Eisen und Magnesium. 100 g Amarant enthalten doppelt so viel Calcium wie Kuhmilch. Hinzu kommt, dass das Verhältnis von Kalium und Phosphor, beides für den Knochenaufbau wichtige Mineralien, in einem optimalen Verhältnis steht.

Wissenschaftler sehen im Amarant aufgrund des Mineralienreichtums ein ideales Mittel gegen das Altern und für die Stärkung der Nerven und des Gedächtnisses.

Der Amarant enthält Fett, und zwar die essentiellen Omega-6-Fettsäuren Linol und Linolen.

Gerbstoffe

Schränken die Gerbstoffe im Amarant die Verfügbarkeit der Mineralien ein? Aus diesem Grund wird manchmal von Amarant für Kleinkinder und Säuglinge abgeraten. In Fachbüchern konnte ich dazu nichts in Erfahrung bringen. Die Firma Allos, ein Amarant-Pionier, schreibt: Amarant eignet sich sehr gut für Kinderbrei. Gepuffter Amarant – und auch gepuffter Quinoa – ist in Kombination mit Obst eine ideale Kindernahrung. Meine Kinder lieben beide sehr.

Farbstoff mit gleichem Namen

Die Farbe des Amarantkolbens wird auch synthetisch hergestellt (E-Nummer 123).

Produkte

- ❧ ganze Samen
- ❧ Mehl
- ❧ Flocken
- ❧ Schrot
- ❧ gepuffte Samen

Küchenpraxis

Ein Teil Amarant und zwei Teile Wasser aufkochen, 5 Minuten kochen, auf der ausgeschalteten Wärmequelle 15 Minuten quellen lassen.

Mehl

Verwendung: für Omeletts, Blinis, als Backteig zum Frittieren. Für Brot muss das Mehl mit glutenhaltigem Getreide gemischt werden.

Amarantmehl sollte sehr frisch verarbeitet werden, da die essentiellen Fettsäuren rasch ranzig werden.

Inhaltsstoffe je 100 g Amarant

Kohlenhydrate	57 g
Eiweiß	14,6–16 g
Wasser	11 g
Fett, davon 70 % ungesättigte Fettsäuren	6–9 g
Ballaststoffe	5 g
Phosphor	582 mg
Kalium	484 mg
Magnesium	308 mg
Calcium	214–250 mg
Eisen	9–15 mg
Zink	4 mg
Mangan	3 mg
Energiewert	365 kcal

Erdmandelflocken

ERDMANDEL

Erdmandelmehl

ERDMANDEL — SO GUT WIE NÜSSE

Die Erdmandel (Cyperus esculentus), auch Tigernuss oder Chufa genannt, ist eine ausdauernde Pflanze, die zu den Sauergräsern / Riedgräsern (Cyperacea) gehört. Trotz Zugehörigkeit zu den Sauergräsern schmecken die Erdmandeln süßlich und nussig. Das Gras wird bis 60 cm, selten 100 cm hoch.

Geschichte

Man nimmt an, dass die ursprüngliche Heimat der Erdmandel im Mittelmeerraum liegt, und zwar in Nordafrika und in Europa. Nachdem in antiken ägyptischen Gräbern Erdmandeln gefunden wurden, kann man davon ausgehen, dass die Menschen sie bevorzugt angebaut hatten.

In Frankreich heißt die Erdmandel «Souchet» oder «Amandes de terre». In Spanien, dem heute größten europäischen Anbaugebiet, nennt man sie «Chufa».

Anbau

Die Erdmandel ist eine robuste, anspruchslose Pflanze, die auf felsigem Untergrund genau so gut wächst wie im humusreichen Boden. Am besten gedeiht sie jedoch in einem sandhaltigen Boden mit Wasserrückstau. Sie bildet lange, unterirdische Ausläufer (Rhizome), an denen sich knollige Verdickungen mit einem Durchmesser von bis zu 15 mm bilden. Die Ackerfrucht gleicht einer Mandel, was auch zu den Bezeichnungen Tigermandel und Tigernuss geführt hat. Die mandelgroßen Wurzelknöllchen werden nach der Ernte gereinigt und getrocknet und dann zu Flocken oder einer Form von Mehl verarbeitet.

Inhaltsstoffe

Bei der Erdmandel ist die Wurzel das Speicherorgan für Stärke und Öl, was in der Pflanzenwelt einzigartig ist. Normalerweise sind die Samen die Ölspeicher. Der Geschmack ist eine Mischung aus Haselnuss und Mandel.

Geriebene Erdmandeln sind Nahrung und Nahrungsergänzung und werden wegen ihrer guten Verträglichkeit in der Diätetik bei Verdauungsstörungen empfohlen. Mit den ballaststoffreichen Flocken kann eine Darmträgheit behandelt werden. Die Flocken eignen sich bei Verstopfung in jedem Alter. Für Reizdarmpatienten, die auf Kleie häufig mit weiteren

Blähungen reagieren, können Erdmandeln ein mildes Darmregulans sein. Der tiefe glykämische Index begünstigt zudem eine Gewichtsreduktion.

Mit 90 mg Calcium je 100 g hat die Erdmandel fast den gleichen Wert wie Milch (120 mg). 5,9 mg Eisen sind für ein pflanzliches Nahrungsmittel sehr beachtlich. Der tägliche Bedarf liegt bei einer Frau bis zur Menopause bei 12–15 mg. 1,4 mg Mangan (ein starkes Antioxidans) deckt 70 % des Tagesbedarfs eines Erwachsenen.

Erdmandelöl

Das goldbraune Erdmandelöl hat ein feines, nussiges Aroma. Es ist reich an einfach ungesättigten Fettsäuren und hat eine ähnliche Fettstruktur wie das Olivenöl. Es enthält besonders viel Vitamin E (Tocopherol).

Fettzusammensetzung

Gesättigte Fettsäuren	18 %
Omega-9-Fettsäure	70 %
Linolensäure	10–13 %
Alpha–Linolensäure (Omega-3-Fettsäure)	0,2–0,3 %

Küchenpraxis

Das Erdmandelöl ist gut geeignet zum Erhitzen und Frittieren. Es ist lange haltbar (das Vitamin E schützt vor dem Ranzigwerden).

Im Handel erhältliche Produkte

- Öl
- Flocken
- Mehl

Erdmandelprodukte können wie Nüsse verwendet werden. Für Nussallergiker sind sie ein idealer Ersatz.

Inhaltsstoffe je 100 g Erdmandeln

Kohlenhydrate	39,4 g
davon Zucker	17,4 g
Eiweiß	3,3 g
Fett	37,8 g
Ballaststoffe	16,2 g
Kalium	992 mg
Calcium	90 mg
Eisen	5,9 mg
Mangan	1,4 mg
Energiewert	544 kcal

Teff-Samen

TEFF

Teff-Makkaroni

TEFF – DAS GETREIDE AUS AFRIKA

Teff ist ein Süßgras und zählt zu den Scheingetreiden. Es ist das kleinste Getreide der Welt und wird aufgrund seiner Größe auch Zwerghirse genannt. Teff wurde im letzten Jahrhundert vom ertragsreicheren Weizen verdrängt und war so außerhalb der Anbaugebiete fast in Vergessenheit geraten. Für das Verschwinden war möglicherweise auch die lange Vegetationszeit verantwortlich; sie ist doppelt so lang wie die des Weizens.

Geschichte

Teff wird seit mehr als fünftausend Jahren in Nordostafrika kultiviert. Seinen Ursprung hat das Getreide in Äthiopien. Der Name «Teff» geht auf den Fund in einer Pyramide in Dashur zurück; er soll aus dem Jahr 3359 v. Chr. stammen. Das Scheingetreide wird hauptsächlich im Ursprungsland angebaut, wo es eines der wichtigsten Grundnahrungsmittel ist. Die winzig kleinen Samenkörner (weniger als 1 mm Durchmesser) sind ein ideales Lebensmittel für die Nomaden, weil das Saatgut selbst für große Flächen problemlos im Gepäck mitgenommen werden kann.

Anbau

Teff gedeiht dank seiner Anspruchslosigkeit auch dort, wo die meisten anderen Getreidesorten nicht mehr wachsen. Der Boden kann sehr nass, aber auch sehr trocken sein.

Teff ist im wahrsten Sinne des Wortes ein «Überlebensgetreide»: Es überlebt, weil es viel weniger anspruchsvoll ist als Mais und Hirse – und die Menschen werden mit den für ein Überleben notwendigen Nährstoffen versorgt.

Teff ist auch ein gehaltvolles, beliebtes Viehfutter.

Inhaltsstoffe

Teff ist reich an Eisen und Calcium und schon deshalb für die vegetarische Küche sehr wertvoll. Es eignet sich aufgrund der Inhaltsstoffe auch vorzüglich als Vorbereitungsnahrung für Ausdauer-Athleten.

Küchenpraxis

Teffflocken haben einen nussigen Geschmack. In Äthiopien ist das Mehl die Grundlage für das Nationalgericht Injera, eine Form von Brot. Im Handel gibt es Brotbackmischungen mit Teff. Aus Teff wird im Ursprungsland auch Bier gebraut und werden andere alkoholische Getränke hergestellt.

Inhaltsstoffe je 100 g Teff

Kohlenhydrate	75 g
Eiweiß	9,1 g
Wasser	4,9 g
Fett	2,1 g
Ballaststoffe	7,9 g
Calcium	160 mg
Magnesium	185 mg
Vitamin B_1	11,7 mg
Vitamin B_2	0,5 mg
Energiewert	334 kcal

gepuffter Quinoa

Quinoa

Quinoamischung

QUINOA

schwarzer Quinoa

roter Quinoa

QUINOA —
REIS DER INKAS

Quinoa ist wie Amarant und Buchweizen ein Fuchsschwanz- respektive Knöterichgewächs, also ein Scheingetreide. Die Pflanze ist krautig und wird 50 bis 150 cm hoch.

Geschichte

«Reis der Inkas» ist eine weit verbreitete Bezeichnung für die kleinen Samen. Diese Bezeichnung ist insofern treffend, als die uralte Pflanze im Anden-Hochland beheimatet ist. Dort, in der Region der heutigen Länder Peru und Bolivien, war der Quinoa während Jahrtausenden ein Grundnahrungsmittel. Zur Zeit der Inkas galt der Samen als Nahrung der Götter und wurde dem Sonnengott im goldenen Gefäß geopfert. Davon zeugen Funde von Skulpturen und Kupferstichen, die Quinoasamen in reich verzierten Vasen zeigen. Der Quinoa ist vor rund zwanzig Jahren in den USA und in Europa neu «entdeckt» worden.

Anbau

Der Quinoa wächst auf vulkanischen, sehr mineralstoffreichen Böden der Anden-Hochebenen auf rund 4000 m ü. M., vom südlichen Kolumbien über Peru, Bolivien, Chile bis ins nördliche Argentinien. Hier ist das Klima regenarm und rau und die Temperaturen liegen zwischen minus 20 bis plus 23 °C.

Gemüse

In den Herkunftsländern wird die Pflanze wie Spinat als Gemüse zubereitet. Ich habe Quinoa auch schon im Garten ausgesät. Die Pflanze sieht unserem wildwachsenden Amarant zum Verwechseln ähnlich.

Inhaltsstoffe

Quinoa zählt zu den nährstoffreichsten Lebensmitteln überhaupt. Besonders zu erwähnen ist das Eiweiß, das im Gegensatz zum Getreideeiweiß alle essentiellen Aminosäuren enthält und mit dem Milcheiweiß vergleichbar ist. Für Menschen, die auf Milch und Fleisch verzichten wollen / müssen, ist Quinoa ein echter Ersatz. Quinoa liegt beim Eiweiß und Fett hinter dem Hafer auf dem zweiten Platz. Das Fett ist reich an essentieller Linolsäure.

Bei den Mineralstoffen und Spurenelementen ist vor allem der hohe Gehalt an Calcium, Zink und Magnesium zu erwähnen. Nur Hafer enthält mehr Calcium. Der Eisenanteil ist zwei- bis dreimal höher als in den meisten Getreiden. Für Vegetarier ist zudem wichtig, dass die Bioverfügbarkeit wesentlich besser ist.

Durchschnittswerte hat der Quinoa lediglich bei den Vitaminen. Wie Getreide enthält er die Vitamine B und E sowie Folsäure.

Saponine

Saponine zählen zur großen Gruppe der sekundären Substanzen, denen Ernährungsfachleute eine immer größere Bedeutung geben. Man weiß, dass viele der über 30 000 sekundären Substanzen eine positive gesundheitliche Wirkung haben. Den zahlreichen bioaktiven Substanzen, wie die sekundären Stoffe auch heißen, attestiert man eine antikarzinogene, antibiotische und herzschützende Wirkung. Saponine kommen in pflanzlichen Produkten auch in den Sojabohnen, im Spinat, in den Erdnüssen und im Spargel vor. Saponine haben einen charakteristisch bitteren Geschmack und sind leicht giftig. Weil Quinoa geschält in den Handel kommt, also ohne bittere, saponinhaltige Samenschale, darf er ohne Bedenken auch in größeren Mengen gegessen werden. Manchmal wird empfohlen, Quinoa vor dem Kochen heiß abzuspülen. Beim geschälten Produkt ist das nicht notwendig.

Produkte

Im Handel gibt es den roten, den schwarzen und den klassisch gelben Quinoa.

Quinoa hat einen leichten Sesamgeschmack. Quinoa kann wie Popcorn (Mais) gepufft werden. Oder man kauft das fertige Produkt im Bioladen. Gepuffter Quinoa kann wie Cornflakes (Maisflocken) mit Kuh-, Hafer-, Mandel- oder Sojamilch zum Frühstück gegessen oder für Puffer verwendet werden.

Küchenpraxis

Ein Teil Quinoa und drei Teile Wasser aufkochen, 5 Minuten kochen, auf der ausgeschalteten Wärmequelle 15 Minuten quellen lassen. Beim Kochen wird aus dem Samenansatz ein Schwänzchen. Gekochter Quinoa ist einige Tage im Kühlschrank haltbar.

Mehl

Die Samen auf einem Backblech oder in einer Pfanne ohne Fett rösten. Auskühlen lassen und mahlen. Das geschmacksintensive Mehl für Crêpes und Backwaren verwenden. Es kann gut gelagert werden.

Quinoa wird in diesem Buch für glutenfreies Gebäck mit Maismehl (Maisstärke), Reismehl und Kartoffelmehl (Kartoffelstärke) gemischt. Wer keine Glutenunverträglichkeit hat, kann selbstverständlich auch normales Dinkelmehl nehmen. Quinoa hat schon in kleinen Mengen einen intensiven Geschmack.

Inhaltsstoffe je 100 g Quinoa

Kohlenhydrate	58,5 g
Wasser	12,7 g
Eiweiß	13,8 g
Fett	5,0 g
Ballaststoffe	6,6 g
Kalium	805 mg
Phosphor	330 mg
Magnesium	275 mg
Calcium	80 mg
Natrium	10 mg
Eisen	8 mg
Zink	2,5 mg
Fettsäuren: Öl-, Linol- und Linolensäure	200 mg
Phytinsäure	540 mg
Energiewert	350 kcal

Goldhirse

Hirsegrieß

HIRSE

gepuffte Hirse

HIRSE – WELTENBUMMLER

«Hirse» ist ein Sammelbegriff für kleinfruchtiges Spelzgetreide mit 10 bis 12 Gattungen. Sie gehört zur Familie der Süßgräser. Der Name «Hirse» stammt aus dem Altgermanischen und ist von einem indogermanischen Wort abgeleitet, das für «Sättigung und Nahrung» steht.

Geschichte

Aus historischer Sicht ist die Hirse ein sehr altes Getreide. Die Forschung konnte bisher keine Stammformen der heutigen Hirsearten finden. Die ältesten Funde stammen aus China und aus dem Alten Ägypten. Das Getreide wurde aber auch in europäischen Pfahlbauten gefunden. Hirse wird in Europa kaum mehr angebaut. Flur- und Ortsnamen sind Zeugnis, dass das Getreide bei uns einmal heimisch war.

Die Hirse wurde weltweit durch den Weizen und an manchen Orten auch durch die Kartoffel verdrängt. Paradox ist, dass Afrika, der Kontinent mit einer langen Hirsetradition, das Getreide für Viehfutter exportiert und für die Menschen Weizen und Reis importiert. In Japan galt die Hirse als Speise zweiter Klasse. Die Samurai ernährten sich mit Reis und die armen Leute mit Hirse. Im Chinesischen Reich war die Hirse eine der fünf heiligen Kulturpflanzen.

Anbau

Die anspruchslose Hirse gedeiht auf magerem, sandigem, trockenem Boden in Afrika, Nordamerika und Asien. Mit einer Vegetationszeit von lediglich 100 Tagen und ihrem Licht- und Wärmebedürfnis ist sie prädestiniert für die südliche Halbkugel.

Inhaltsstoffe

Hirse hat von allen Getreiden den höchsten Eisengehalt und enthält viel Kieselerde (Silicea), weshalb sie auch Schönheitskorn genannt wird. Kieselerde stärkt Haare, Nägel und Bindegewebe. Die Hirse ist ein bekömmliches, leicht verdauliches Getreide.

Produkte

- Goldhirse (geschältes ganzes Korn)
- Mehl
- Flocken
- Grieß
- Braunhirse

Goldhirse

Das Hirsekorn ist sehr klein und sehr hart. Es ist von einer ebenso harten Schale umgeben, die wegen ihrer Unverdaulichkeit entfernt werden muss. Aufgrund der goldgelben Farbe wird das geschälte Hirsekorn auch «Goldhirse» genannt. Die Goldhirse ist ein Vollgetreide.

Braunhirse

Braunhirse ist ungeschälte Hirse. Sie wird zu feinem Mehl gemahlen. Sie ist ein Nahrungsergänzungsmittel, insbesondere wegen des hohen Gehalts an Mineralstoffen und Spurenelementen in der Schale. Besonders reich ist sie an Kieselerde / Kieselsäure, die ein starkes Bindegewebe und die Elastizität der Knochen fördert. Auch das Immunsystem braucht Kieselerde. Sie fördert die Bildung von Fresszellen, die im Lymphsystem Viren und Bakterien vernichten. Die Werte zahlreicher Mineralien wie Fluor, Phosphor, Eisen, Schwefel, Magnesium, Kalium, Zink und der Vitamine B_1, B_2, B_6 und B_{12} sowie der Pantothensäure und des Nicotinsäureamids sind beachtlich. Fluor und Silicea sind wichtig für die Zahngesundheit. Braunhirse ist stark basenbildend und wirkt so gegen eine Entmineralisierung und Übersäuerung. Braunhirsemehl am besten unter Speisen rühren, und zwar über längere Zeit täglich 2 x 4 TL einem Müesli beigeben oder in einen Saft oder in eine Suppe mixen. Man muss ausprobieren, mit wie viel Braunhirse die Speise noch schmeckt.

Inhaltsstoffe je 100 g Goldhirse

Kohlenhydrate	69 g
Eiweiß	10,6 g
Wasser	12,5 g
Fett	3,9 g
Ballaststoffe	3,8 g
Natrium	3,0 mg
Kalium	150,0 mg
Calcium	20,0 mg
Phosphor	310,0 mg
Magnesium	170,0 mg
Eisen	9,0 mg
Fluor	0,04 mg
Vitamine E, B_1, B_2 und B_6	0,14–052 mg
Niacin	1,80 mg
Energiewert	354 kcal

getrocknete Kastanien

Kastanienmehl

frische Kastanien

KASTANIE

KASTANIE — BROT DER ARMEN

Die Edelkastanie war einst ein Grundnahrungsmittel der Armen. In Hungerperioden war sie überlebenswichtig. Später wurde sie von der Kartoffel und dem Reis verdrängt. Das Comeback gelang dem «Brotbaum» vor gut zwanzig Jahren.

Geschichte

Die Esskastanie ist eine der ältesten Kulturpflanzen. Erwähnt wird sie schon im 5. Jh. v. Chr. Mit großer Wahrscheinlichkeit gelangte sie über Kleinasien und Griechenland nach Italien. Homer nennt die Kastanie in der Odyssee «Maraon», woraus der Name Marone entstand. Bis die Kartoffel von Südamerika nach Europa kam, war die Frucht ein wichtiges Nahrungsmittel in weiten Teilen Europas. Die Menschen ernährten sich im Winter oft fast ausschließlich von Kastanien und Mais.

Botanik

Die Edelkastanie braucht viel Wärme, ein mildes Klima und eine regelmäßige Pflege, d.h. die Bäume müssen geschnitten werden, sonst verwildern sie. Bis ein Jungbaum erste Früchte trägt, vergehen 25 Jahre, bis zu einer Vollernte weitere 75 Jahre. Ein gut entwickelter Kastanienbaum trägt je nach Standort jährlich 100 bis 200 kg Früchte. Erntezeit ist im Oktober oder November.

Inhaltsstoffe

Kastanie und naturbelassenes Getreide haben sehr ähnliche Nährwerte. Besonders geschätzt wird die Frucht, weil sie im Gegensatz zum Getreide basenbildend ist.

Küche

Frische Kastanien sind von November bis Ende Februar im Handel. Sie sollten bald gegessen werden, weil sie schnell austrocknen. Kastanien müssen vor dem Verzehr gekocht oder geröstet werden.

Da das Schälen der Kastanien ein wenig mühsam und zeitaufwändig ist, kaufen viele Konsumenten tiefgekühlte Früchte, die das ganze Jahr im Angebot sind. Sie werden wie frische, geschälte Kastanien gefroren in den Kochtopf gegeben, 12 Minuten im Dampf oder in wenig Wasser gekocht und dann je nach Rezept weiterverarbeitet. Noch aromatischer sind gekochte Kastanien aus dem Glas. Auch getrocknete Kastanien eignen sich für die meisten Speisen. Sie werden vor dem Kochen am besten über Nacht in kaltem Wasser eingeweicht und dann 45 Minuten im Dampf oder im Wasser gekocht.

Aus getrockneten Kastanien werden Kastanienflocken und Kastaninenmehl hergestellt. Kastanienmehl kann bis zu einem Drittel mit anderen Mehlsorten gemischt werden. Es gibt Backwaren einen aromatischen Geschmack. In Notzeiten wurde aus reinem Kastanienmehl auch Brot gebacken (eine Art Fladen) und Polenta gekocht.

Produkte

- ❧ frische Früchte, tiefgekühlte Früchte, Früchte aus dem Glas
- ❧ Mehl, süßlich (aus luftgetrockneten Früchten)
- ❧ Flocken
- ❧ Püree
- ❧ Likör

Inhaltsstoffe je 100 g geschälte, frische Früchte	
Kohlenhydrate	41,2 g
Eiweiß	2,5 g
Fett	1,9 g
Ballaststoffe	8,37 g
Wasser	44,87 g
Natrium	2 mg
Kalium	707 mg
Calcium	33 mg
Phosphor	87 mg
Magnesium	5 mg
Eisen	1,3 mg
Vitamin A	12 mg
Vitamin B_1	0,23 mg
Vitamin B_2	0,22 mg
Niacin	0,5 mg
Vitamin C	0,5 mg
Energiewert	192 kcal

BUCHWEIZEN

BUCHWEIZEN – POWERFOOD

Der Name «Buchweizen» (Fagopyrum esculentum) könnte auf eine Verwandtschaft mit dem Weizen schließen lassen. Dem ist aber nicht so. Der Buchweizen zählt zu den Knöterichgewächsen. Seine Urheimat ist Zentralasien. Er wurde schon in der Bronzezeit in unseren Breitengraden kultiviert, wie Funde bezeugen. Den Buchweizen ereilte das gleiche Schicksal wie andere Getreide / Scheingetreide auch: Der Weizen und die Kartoffel haben ihn verdrängt.

Botanik

Der Buchweizen ist eine niedrig wachsende, einjährige Pflanze, die ähnliche Blätter wie die Gartenbohne hat. Die vielen weißen, rosafarbenen bis rötlichen Blüten und späteren Früchtchen stehen wie Traubenbeeren zusammen.

Der Buchweizen ist bezüglich Boden anspruchslos, was auch erklärt, weshalb er während Jahrzehnten auf wenig fruchtbaren Heide- und Torfböden angepflanzt wurde.

Die Buchweizenpflanze ist kälteempfindlich und verträgt Temperaturen nur bis 3 °C. Die Bodentemperatur muss zum Keimen 10 °C und höher sein. Aussaat in Mitteleuropa ist von Mitte Mai bis Mitte Juni. Geerntet wird nach einer Vegetationszeit von zehn bis zwölf Wochen.

Der Buchweizen wird heute in der biologischen Landwirtschaft und im Ökoanbau als Zwischenfrucht häufig als Gründüngung und Bienenweide angebaut. Das Knöterichgewächs ist widerstandsfähig gegen Krankheiten.

Die bräunlichen Früchtchen sind dreieckig und sehen Buchennüsschen / Bucheckern sehr ähnlich, nur sind sie kleiner (4 bis 6 mm lang und 3 mm dick). Der Buchweizen hat einen ausgeprägten Geschmack.

Inhaltsstoffe

Der Buchweizen wärmt und stärkt. Von den Inhalts-
stoffen sind vor allem Rutin und Lecithin zu erwäh-
nen. Rutin verhindert die Zerstörung von Vitamin C
durch Sauerstoff und ist gut für die Gefäße. Anders
als Getreide enthält der Buchweizen ein komplexes
Pflanzeneiweiß (ca. 12 %) und beinahe die doppelte
Menge der essentiellen Aminosäure Lysin. Hinzu
kommen die Mineralstoffe Calcium, Kupfer, Magne-
sium, Fluor und Eisen sowie Enzyme und Hormone.

Produkte

- ganze, geschälte Früchte
- Mehl
- Schrot
- Grütze
- Flocken

Inhaltsstoffe je 100 g

Kohlenhydrate	71,0 g
Eiweiß	9,1 g
Fett	1,7 g
Wasser	12,8 g
Ballaststoffe	3,7 g
Wasser	12,8 g
Natrium	2,0 mg
Kalium	324,0 mg
Calcium	21,0 mg
Chlor	12,0 mg
Phosphor	254,0 mg
Schwefel	80,0 mg
Magnesium	85,0 mg
Eisen	3,2 mg
Zink	2,5 mg
Energiewert	354 kcal

MAIS

Zuckermaiskolben

Maismehl

Maisgrieß

MAIS –
INDIANER-GETREIDE

Der Mais ist das einzige Geteide, das nicht aus dem Osten, sondern aus dem Westen, aus Amerika, zu uns gekommen ist.

Geschichte

Der Mais war das heilige Korn der Indianer. Ein Mythos der Indianer besagt, dass die Götter den ersten brauchbaren Menschen aus Mais formten, nachdem sich Lehm und Holz als untauglich erwiesen hatten. Der Mais war für die Indianer das wichtigste Grundnahrungsmittel während Jahrtausenden. Und er hat die englischen Siedler auf dem neuen Kontinent vor dem Verhungern bewahrt.

Von den ursprünglichen vielen Tausend Sorten haben nur wenige überlebt. Heute werden weltweit fünf Maissorten in großen Mengen angebaut. Sie sind das Ergebnis von Züchtungen. Die Maiskolben der Mayas waren 8 bis 10 cm lang, heute messen sie 16 cm. Attraktiv sind die ursprünglichen Farben / Sorten. Es gibt weißen, gelben, blauen und roten Mais, analog den vier heiligen Indianerfarben. Farbiger Mais erlebt eine Renaissance und wird vielerorts wieder angebaut und zu Grieß und Mehl verarbeitet.

Grundstein der Agrikultur

Mit der Maiskultur begründeten die Indios den Ackerbau auf dem amerikanischen Kontinent und schufen die Voraussetzung für ihren sagenhaften Reichtum in der präkolumbianischen Zeit. Nach Überlieferung berichtete der Sohn des Seefahrers Christoph Kolumbus von 30 Kilometer langen Plantagen, die mit Mais, Bohnen und Kürbissen bepflanzt gewesen seien. Er soll beobachtet haben, wie die Ureinwohner in jedes Pflanzloch drei Maiskörner steckten.

Die ersten Europäer lernten das goldene Korn 1492 in Kuba kennen. Damals wurden einer spanischen Schiffsbesatzung Maiskolben als Geschenk überreicht. Christoph Kolumbus brachte Maiskörner von seiner ersten Reise in die Neue Welt 1493 nach Europa. Bei den eroberten «Goldkörnern» handelte es sich um kleinkörnigen Puffmais. Das eigentümliche Gewächs, das an Bambus erinnert, blühte bald in den vornehmen Gärten im spanischen Sevilla. Die damaligen Gutbetuchten kultivierten die göttliche Pflanze lediglich zur Zier. Wer es sich leisten konnte, ergatterte die begehrten Samen und gab sie gönnerhaft weiter. So kam es, dass «Welschkorn» in Mitteleuropa während rund 300 Jahren als reine Kuriosität in Gärten gedieh. Erst im 18. Jahrhundert wuchs der Mais als geschätztes Getreide in den Donauländern. Die Südeuropäer erkannten dagegen den wahren Wert des goldenen Korns auf Anhieb.

Botanik

Der Mais ist eine einjährige Pflanze aus der Familie der Gräser. Zu dieser Gruppe gehören alle Getreidearten wie Weizen, Roggen, Hafer, Hirse und Reis.

Der Mais ist «einhäusig», d. h., männliche und weibliche Blüten gedeihen zwar getrennt, aber auf der gleichen Pflanze. Männliche Blüten sitzen am Stielende und produzieren große Mengen von Blütenstaub, etwa vier Millionen Pollenkörner pro Rispe. Der Wind verteilt sie auf die Narben der weiblichen Blüten, die sich im unteren Pflanzenteil befinden.

Zuckermais und Polentamais

Während der Zuckermais und Futtermais auch nördlich der Alpen gedeiht, benötigt Polentamais viel Wärme. Nördlichstes Anbaugebiet dürfte das Tessin in der Schweiz sein. Ein ideales Maisklima haben auch Ungarn und Italien. Polentamais braucht tiefgründigen, nährstoffreichen Boden.

Küche

Aus Maismehl kann wegen des fehlenden Glutens kein reines Maisbrot gebacken werden. Der Mais ist in erster Linie ein Breigetreide. Feines Maismehl wird auch gerne als Bindemittel verwendet.

Produkte im Handel

- Zuckermais: erntefrisch (Kolben), als Konserve in Dose und Glas
- Körner (auch zum Puffen), Stärkemehl, Mehl, Grieß (grob- und feinkörnig), Flocken (Cornflakes)
- Keimöl

Inhaltsstoffe je 100 g Polentamais	
Kohlenhydrate	64,7 g
Eiweiß	3,8 g
Fett	8,5 g
Ballaststoffe	9,2 g
Magnesium	120 mg
Energiewert	331 kcal

VORSPEISEN

APERITIF & SALATE 53
Quinoa mit Ziegenfrischkäse-Tzatziki
Frühlingszwiebeln in Amarantteighülle
Brennnesselspitzen in gepufftem Amarant
Sommersalat mit schwarzem Quinoa und Büffelmozzarella
Bunter Salat mit Ei und Quinoa
Avocadosalat mit Quinoa
Quinoasalat mit Feta und Minze
Fenchel-Zucchini-Salat mit Quinoa
Ziegenkäse in gepufftem Amarant
Ziegenkäse im Buchweizenbierteig

FRÜHSTÜCK 67
Erdmandel-Energiedrink
Mein Erdmandel-Frühstück

SUPPEN 68
Quinoa-Linsen-Spinat-Suppe
Hirse-Lauch-Suppe mit Safran
Quinoasuppe mit Kokosmilch
Quinoa-Kürbis-Suppe mit Curry
Schaumige Karotten-Amarant-Suppe

QUINOA MIT ZIEGENFRISCHKÄSE-TZATZIKI

für 4 Personen 100 g **Quinoa** · 2½ dl / 250 ml **Wasser** · ½ TL **Meersalz** **Tzatziki** 1 Becher **Natur- oder Schaf-milchjoghurt** (ist cremiger) · 100 g **Ziegen-** oder **Kuhmilchfrischkäse** · 1–2 EL **Olivenöl** · 1 EL **Zitronensaft** · 1 **große Knoblauchzehe** · 1 **kleine Freilandgurke,** ca. 120 g, geschält, klein gewürfelt · **Meersalz** · **Pfeffer** aus der Mühle · 1 **große Tomate**, gewürfelt · 1 EL **gehackte Petersilie** oder **Minze**

1 Quinoa mit Wasser und Salz aufkochen, 10 bis 15 Minuten köcheln lassen, Pfanne von der Wärmequelle nehmen, Quinoa auf der Platte auskühlen lassen.

2 Für das Tzaztiki Joghurt, Frischkäse, Olivenöl und Zitronensaft ver-rühren, Knoblauch dazupressen, Gurkenwürfelchen unterrühren.

3 Quinoa in tiefe Teller oder Glasschalen füllen, Tzaztiki darauf ver-teilen, 30 Minuten durchziehen lassen, mit Tomatenwürfelchen und Petersilie garnieren.

FRÜHLINGSZWIEBELN IN AMARANTTEIGHÜLLE

für 2 Personen 🌀 1 Bund **Frühlingszwiebeln** 🌀 **Ausbackteig** 1 ½ EL **Amarantmehl** · 1 **Ei** · ½ dl / 50 ml **Bier** oder **vergorener Apfelsaft** · **Kräutersalz** 🌀 **Olivenöl** oder **Haselnussöl**, zum Braten 🌀 **Fleur de Sel**

1 Für den Ausbackteig Amarantmehl mit Ei und Bier glatt rühren, mit Kräutersalz würzen.

2 Zwiebeln inklusive 8 cm Grün längs halbieren.

3 Zwiebeln im Ausbackteig wenden und in reichlich Öl braten. Mit Fleur de Sel bestreuen. Warm servieren.

Variante
Zum Ausbacken eignen sich auch Zucchinischeiben und Salbeiblätter.

BRENNNESSELSPITZEN IN GEPUFFTEM AMARANT

Brennnessselspitzen • 2 **Eier** • 2–4 EL **gepuffter Amarant** • **Meersalz** **Olivenöl** oder **Erdmandelöl**, zum Braten • **Kräutermeersalz,** nach Belieben

1 Eier verquirlen, gepufften Amarant unterrühren, mit Salz abschmecken.
2 Brennnesselspitzen im Ei wenden, in reichlich Olivenöl beidseitig braten. Mit Kräutersalz bestreuen. Warm servieren.

Brennnesseln sind reich an Eisen und Silicium.

Variante
Zum Ausbacken eignen sich auch Zucchinischeiben und Salbeiblätter.

SOMMERSALAT MIT SCHWARZEM QUINOA UND BÜFFELMOZZARELLA

für 4 Personen ❧ 1 Handvoll **junger Blattsalat** · 6 **Cherrytomaten**, halbiert · ½ **kleiner gelber Zucchino** · ½ **kleine Freilandgurke** · 1 **kleine rote Zwiebel** · ½ **Sonnenblume,** abgezupfte Blütenblätter · ½ **rote und gelbe Peperoni/ Gemüsepaprika** · 50 g **schwarzer Quinoa** (Rohgewicht) · 120 g **Büffelmozzarellakugeln** ❧ **Sauce** ½–1 **Zitrone, Saft** · 4 EL **Olivenöl** oder **halb Olivenöl/halb Haselnussöl** · **Meersalz** · **Pfeffer** aus der Mühle

1 Quinoa mit 1 ½ dl Wasser aufkochen, zugedeckt ausquellen lassen.

2 Zucchinohälfte in feine Scheiben hobeln. Gurke schälen und in feine Scheiben hobeln. Zwiebel ebenfalls in feine Scheiben hobeln. Peperoni entkernen, Stielansatz und weiße Rippen entfernen, Schotenhälften in feine Streifen hobeln.

3 Blattsalat und Gemüse mit der Sauce mischen, anrichten, Quinoa und Mozzarellakugeln darüber verteilen.

Tipp

Salat mit schwach gerösteten Cashewkernen anreichern (Kerne ohne Fett in einer trockenen Pfanne rösten). Cashewkerne enthalten viel Calcium und können bei einer Milchallergie eine wertvolle Calciumquelle sein.

BUNTER SALAT MIT EI UND QUINOA

für 4 Personen 200 g **Karotten** • 200 g **Kohlrabi** • 1 **kleine rote Zwiebel** • 1 Handvoll **Schnittsalat** • 1 **kleiner Cicorino rosso** • 100 g **Roquefort** oder **Feta**, zerbröckelt • 2 **hartgekochte Eier** • 12 **schwarze Oliven** • 4 EL **gekochter Quinoa** oder **Quinoasprossen** **Sauce** 4 EL **Olivenöl** • 2 EL **Kräuter-** oder **Apfelessig** • 1 TL **Balsamico**, nach Belieben • wenig **Senf** • **Kräutersalz**

1 Karotten und Kohlrabi schälen, beides in zündholzfeine Stäbchen schneiden. Zwiebel in feine Scheiben schneiden.

2 Karotten, Kohlrabi, Zwiebeln, Schnittsalat und Cicorino rosso mit der Sauce mischen. Anrichten. Roquefort, Eierviertel, Oliven und Quinoa darüber verteilen.

Quinoa nach Grundrezept Seite 34 zubereiten.

AVOCADOSALAT MIT QUINOA

für 4 Personen 🌀 100 g **gekochter Quinoa** • 2½–3 dl / 250 ml–300 ml **Wasser** • 1 **kleine Freilandgurke** • 1 **kleiner Apfel** • 1 **Avocado** 🌀 **Blattsalat** und **Blüten**, nach Belieben 🌀 **Sauce** 2 EL **Crème fraîche** • ½ **Bio-Zitrone**, abgeriebene Schale und Saft • 1–2 EL **Apfelessig** • 2 EL **Olivenöl** oder **halb Olivenöl/halb Haselnussöl** • **Kräutersalz** • 1 EL **fein geschnittener Dill** • **Pfeffer** aus der Mühle 🌀 **Ringelblumenblüten**, für die Garnitur

1 Gurke schälen und in Würfelchen schneiden. Apfel vierteln und entkernen, in Würfelchen schneiden. Avocado schälen und halbieren, Stein entfernen, Avocadohälften in Spalten schneiden.

2 Blattsalat und Blüten auf Teller verteilen, Avocados darauflegen, Quinoa, Gurken und Äpfel darüber verteilen, Sauce darüberträufeln. Mit ein wenig Pfeffer aus der Mühle abrunden, mit Ringelblumenblüten bestreuen.

QUINOASALAT MIT FETA UND MINZE

für 4 Personen ❧ 100 g **Quinoa** · 2½ dl / 250 ml **Wasser oder Gemüsebrühe** · 1 **kleine Freilandgurke** · 1 **kleine Peperoni / Gemüsepaprika** · 6 **schwarze Oliven**, nach Belieben · 3 **Tomaten** · 1 **rote Zwiebel**, klein gewürfelt · 1 EL **feingeschnittene glattblättrige Petersilie** · 1 TL **fein geschnittene Minze** · 100 g **Feta**, gewürfelt ❧ **Sauce** 2 **Zitronen**, Saft · 6 EL **Olivenöl** · **Meersalz**

1 Quinoa mit Wasser oder Gemüsebrühe aufkochen, ca. 15 Minuten köcheln lassen, Topf vom Herd nehmen, Quinoa auskühlen lassen.

2 Gurke beidseitig kappen, mit Schale in Würfel schneiden. Peperoni halbieren, Stielansatz, Kerne und weiße Rippen entfernen, Schotenhälften in Würfelchen schneiden. Stielansatz der Tomaten ausstechen, Tomaten achteln.

3 Alle Zutaten mit der Sauce mischen.

FENCHEL-ZUCCHINI-SALAT MIT QUINOA

für 4 Personen ❧ 80–100 g **gekochter Quinoa** · 2 **kleine Sprosse Stangensellerie** · 1 **kleiner Zucchino** · 1 **kleiner Fenchel** · ½ **Granatapfel**, ausgelöste Samen · 100 g **Feta** ❧ **Sauce** 2–3 EL **Haselnussöl** oder **Olivenöl** · 1 EL **weißer Balsamico** · **Fleur de Sel** · **Pfeffer** aus der Mühle ❧ **Koriander** oder **glattblättrige Petersilie**, für die Garnitur

1 Stangensellerie und Zucchino in feine Scheiben schneiden. Fenchel halbieren und quer in feine Streifen schneiden.

2 Alle Zutaten mit der Sauce mischen. Anrichten. Mit Koriandergrün oder Petersilie garnieren.

ZIEGENKÄSE IN GEPUFFTEM AMARANT

für 2 Personen ❧ 1 **runder französischer Ziegenkäse**, ca. 200 g • 1 **Eigelb** • 2 EL **gepuffter Amarant** • 1 EL **Gomasio** (Sesamsalz) oder **ganze Sesamsamen** • **Olivenöl** oder **geröstetes Haselnussöl** • **Pfeffer** aus der Mühle

Ziegenkäse halbieren, zuerst im Eigelb, dann in der Mischung aus gepufftem Amarant und Gomasio oder ganzen Sesamsamen wenden. Im Olivenöl beidseitig braten.

❧

Tipp
Auf einem bunten Salat servieren.

ZIEGENKÄSE IM BUCHWEIZENBIERTEIG

für 2 Personen ❧ 150 g **Ziegenweichkäse** ❧ **Ausbackteig** 1 **Ei** • 1 ½ EL **Buchweizen-, Quinoa-** oder **Amarantmehl** • ½ dl / 50 ml **Hirsebier** / Reformhaus • 3 Zwiebelröhrchen von **Frühlingszwiebeln** oder ½ Bund **Schnittlauch**, fein geschnitten ❧ **Olivenöl** oder **Haselnussöl** oder **Sesamöl,** zum Braten

1 Ei, Buchweizenmehl und Hirsebier glatt rühren, Ausbackteig etwa 10 Minuten stehen lassen. Zwiebelgrün unterrühren.

2 Käse in Stücke schneiden und im Bierteig wenden, im Öl knusprig braten.

Tipp

Käse auf einem bunten Salat servieren oder als Aperitif mit einem feinen Glas Rosé.

ERDMANDEL-ENERGIEDRINK

für 1 Person 1 EL **Erdmandeln** • 1 Glas **frisch gepresster Orangensaft** • 1 Prise **Vanillepulver**

Alle Zutaten mixen.

Variante

1 Banane mitmixen.

MEIN ERDMANDEL-FRÜHSTÜCK

für 1 Person 2 EL **Quark** • 2 TL **Leinöl** • ½ **Zitrone**, Saft • 1 **Apfel** • 2 EL **Erdmandeln** • 1 **Banane**, in Scheiben • **Beeren**, je nach Saison

Quark, Leinöl und Zitronensaft verrühren. Apfel mit Schale dazureiben und untermischen, Erdmandeln und Bananen unterrühren. Mit Beeren garnieren.

QUINOA-LINSEN-SPINAT-SUPPE

für 2 Personen 1–2 EL **Olivenöl** · 1 **kleine Schalotte**, klein gewürfelt · 50 g **rote Linsen** · 50 g **Quinoa** · 1 kleiner oder ½ **Peperoncino**, halbiert, entkernt, in Streifchen · 1 Prise **scharfer Curry** · wenig **Ingwer**, geschält, gerieben · 6 dl/600 ml **Gemüsebrühe** · 1 Handvoll **junger Spinat** oder **Amarantblätter** oder **junge Brennnesseltriebe** · **Salz** · **Pfeffer** aus der Mühle · ½ **Zitrone**

Schalotten, Quinoa und Linsen im Olivenöl andünsten, würzen mit Peperoncini, Curry und Ingwer, mit Gemüsebrühe ablöschen, etwa 20 Minuten köcheln lassen. Spinat, Amarant oder Brennnesseltriebe die letzten paar Minuten mitkochen. Abschmecken mit Salz und Pfeffer und einigen Tropfen Zitronensaft.

HIRSE-LAUCH-SUPPE MIT SAFRAN

für 2 Personen 1–2 EL **Olivenöl** • 50 g **Hirsegrieß** • ½ dl / 50 ml **Weißwein** • ½ l heiße **Gemüsebrühe** • ½ Döschen **Safranfäden** • **wenig junger Lauch**, in feinen Ringen • ½ dl / 50 ml **Rahm/Sahne** • **Pfeffer** aus der Mühle wenig **fein geschnittener Schnittlauch**, zum Bestreuen

Hirsegrieß im Olivenöl andünsten, mit Weißwein ablöschen, Gemüse-brühe und Safranfäden zugeben, Suppe etwa 10 Minuten köcheln lassen, Lauch zugeben und kurz mitkochen, mit Rahm verfeinern, mit Pfeffer abschmecken und mit Schnittlauch bestreuen.

Variante
Lauch durch fein geschnittenen Spinat ersetzen.

QUINOASUPPE MIT KOKOSMILCH

für 2 Personen ❧ 1 EL **schwarzes Sesamöl** oder **Olivenöl** • 1 **kleine Schalotte**, klein gewürfelt • 1 **Karotte**, klein gewürfelt • 1 **Zitronengrasstängel** oder 1 großes Stück **Bio-Limettenschale** oder 3 **Zitronenverbeneblätter** oder 1 unbehandeltes **Zitronenblatt** • ½ TL **mittelscharfer Curry** • 50 g **Quinoamehl** • ca. ½ l **heiße Gemüsebrühe** • ca. 2 dl / 200 ml **Kokosmilch** • 2 cm **frischer Ingwer** ❧ **Sesamöl**, zum Beträufeln • **gekochter Quinoa**, für die Garnitur

1 Schalotten im Sesamöl andünsten, Karotten und Zitronengras mitdünsten, mit Curry bestäuben, Quinoamehl zugeben und kurz weiterdünsten, mit Gemüsebrühe ablöschen, 20 Minuten köcheln lassen, Zitronengras entfernen. Kokosmilch unterrühren, geschälten Ingwer dazureiben, Suppe aufmixen.

2 Suppe anrichten. Mit Sesamöl beträufeln, mit Quinoa garnieren.

Tipp

Je nach gewünschter Konsistenz mehr oder weniger Gemüsebrühe und Kokosmilch zugeben.

QUINOA-KÜRBIS-SUPPE MIT CURRY

für 2 Personen 1 EL **Olivenöl** • 60 g **Quinoa** • 1 TL **mittelscharfer Curry** • ¼ **kleiner Lauch**, in feinen Streifen, oder 1 **kleine Zwiebel**, klein gewürfelt • ca. 6 dl / 600 ml **heiße Gemüsebrühe** • 100 g **Moschuskürbis**, z. B. Butternut, grob gerieben • **Salz** • **Pfeffer aus der Mühle** • ½–1 dl / 50–100 ml **Rahm/Sahne** oder **Crème fraîche** **fein gehackte Petersilie** • **Olivenöl** • **Crème fraîche**

Quinoa im Olivenöl andünsten, Curry und Lauch mitdünsten, mit heißer Gemüsebrühe ablöschen, 20 Minuten köcheln lassen, nach 10 Minuten Kürbis zugeben. Quinoa-Kürbis-Suppe bei Tisch individuell mit Petersilie, Olivenöl und Crème fraîche verfeinern.

Tipp

Die Suppe ist zusammen mit einem Salat eine Mahlzeit.

SCHAUMIGE KAROTTEN-AMARANT-SUPPE

1 EL **Olivenöl** • 1 **kleine Zwiebel**, klein gewürfelt • 100 g **Karotten**, klein gewürfelt • 50 g **Amarant-** oder **Quinoamehl** • 1 **Rosmarinzweiglein** • 6 dl / 600 ml **heiße Gemüsebrühe** • ½ dl / 50 ml **Rahm/Sahne** • **Pfeffer** aus der Mühle oder **Muskatnuss**, nach Belieben

Zwiebeln und Karotten im Olivenöl andünsten, Amarantmehl unterrühren, Rosmarinzweiglein zugeben, mit der Gemüsebrühe ablöschen, 20 Minuten köcheln lassen, Rosmarin entfernen, Rahm zugeben, Suppe aufmixen, nach Belieben mit Pfeffer oder Muskatnuss abschmecken.

HAUPTSPEISEN

PASTA, SPÄTZLE & CO. **75**

Quinoaspätzle
Mais-Quark-Spätzle
Quinoa-Tagliatelle
Puschlaver Buchweizennudeln mit Gemüse

BLINIS, PUFFER & OMELETTES **81**

Injera – Teff-Fladen mit Meerrettichsauce
Buchweizenblinis mit Gemüse
Mais-Quinoa-Blinis mit Mais-Raita
Amarant-Mais-Puffer mit Schnittlauch
Quinoa-Bärlauch-Puffer mit Frühlingszwiebeln
Gemüsepuffer mit Quinoa
Mais-Chapatis mit gepufftem Amarant und Guacamole
Quinoacrêpes mit Spinat und Feta
Buchweizen-Kichererbsen-Crêpes
Grüne Hirsecrêpes

EINTÖPFE & GRATINS **95**

Gemüsecurry mit schwarzem Quinoa
Kartoffel-Quinoa-Frittata
Roter Quinoa mit gebratenem Salbei
Zucchini-Quinoa-Auflauf
Kräuterhirsotto mit Ofenkarotten
Peperoni mit Quinoa-Spinat-Füllung
Rondini mit rotem Quinoa
Teffmakkaroni-Spinat-Gratin
Hirse-Blumenkohl-Püree
Hirsekugeln mit Tomaten
Polentaterrine mit Oliven und Dörrtomaten
Süßer Hirseauflauf mit Rosinen
Hirsegrieß-Kürbis-Gratin

❧

QUINOASPÄTZLE

für 4 Personen ❧ 400 g **Quinoamehl** oder 300 g **Quinoamehl und** 100 g **Maisstärke** • 5 **Eier** • 1 dl / 100 ml **Wasser** • **Salz** • **frisch geriebene Muskatnuss** ❧ **Olivenöl**

1 Alle Zutaten zu einem glatten Teig rühren, 30 Minuten ruhen lassen.

2 Eine Schüssel warm stellen.

3 Reichlich Salzwasser aufkochen. Teig portionsweise auf ein mit kaltem Wasser abgespültes Schneidebrett geben und Spätzle in das leicht kochende Salzwasser schaben. Spätzle an die Oberfläche steigen lassen, mit einem Schaumlöffel herausnehmen, in die vorgewärmte Schüssel geben und mit wenig Olivenöl mischen. Warm stellen.

❧

Quinoamehl

Im Bioladen mahlen lassen oder in der eigenen Getreidemühle mahlen.

MAIS-QUARK-SPÄTZLE

für 4 Personen **Spätzleteig** 240 g **Magerquark** · 4 **Eier** · 2 **Eigelbe** · 1 TL **Meersalz** · 250 g **feines Maismehl** 2 EL **Olivenöl** · 600 g **Cherrytomaten** · **Kräutermeersalz** · **grob gemahlener Pfeffer** · 120 g **Büffelmozzarella-kugeln** · **fein geschnittenes Basilikum**

1 Alle Zutaten für die Spätzle zu einem Teig rühren, 30 Minuten quellen lassen.

2 Eine Schüssel vorwärmen.

3 Reichlich Salzwasser aufkochen. Den Teig portionsweise auf ein mit kaltem Wasser abgespültes Schneidebrett geben und Spätzle in das leicht kochende Salzwasser schaben. Spätzle an die Oberfläche steigen lassen, mit einem Schaumlöffel herausnehmen, in die vorgewärmte Schüssel geben und mit wenig Olivenöl mischen. Warm stellen.

4 Stielansatz bei den Cherrytomaten ausstechen, Tomaten halbieren. Im Olivenöl kurz dünsten, mit Kräutersalz und Pfeffer würzen, Mozzarella und Basilikum zugeben und mit den Spätzle vermengen.

Tipp
Spätzlekochwasser für eine Suppe verwenden.

QUINOA-TAGLIATELLE

200 g **feines Quinoamehl** · 50 g **Maisstärke** · 3 **Eier** · 1 EL **Olivenöl** · 1 Briefchen **Safranpulver**, in 2 EL **Wasser** aufgelöst 2 EL **Olivenöl** · **Kräuter**, fein geschnitten · **Pfeffer** aus der Mühle **Sbrinz**, gehobelt

1 Alle Zutaten für die Tagliatelle von Hand oder in der Küchenmaschine zu einem glatten Teig zusammenfügen. 30 Minuten zugedeckt ruhen lassen.

2 Den Teig von Hand oder mit der Nudelmaschine portionsweise nicht zu dünn ausrollen (der Teig bricht rasch).

3 Tagliatelle in reichlich Salzwasser bei mittlerer Hitze 5 Minuten kochen lassen. Abgießen, sofort mit Olivenöl und Kräutern mischen, mit Pfeffer abschmecken. Käse separat servieren.

Für Geübte

Für die Verarbeitung des Nudelteiges braucht es Zeit und Geduld. Eventuell doppelte Menge zubereiten und die Pasta trocknen lassen.

Quinoamehl

Im Bioladen mahlen lassen oder in der eigenen Getreidemühle mahlen.

PUSCHLAVER BUCHWEIZENNUDELN MIT GEMÜSE

für 4 Personen ❧ 300 g **feines Buchweizenmehl** · 100 g **Maisstärke** · 1 **Ei** · 1 **Eigelb** · ca. 1,9 dl / 190 ml **Wasser**, je nach Mehlfeinheit · 1 Prise **Salz** · 1 EL **Olivenöl** ❧ **Gemüse** 2 EL **Olivenöl** · 1 **mittelgroße Zwiebel**, klein gewürfelt · 2 **Karotten** · 2 **Krautstiele / Stielmangold** · 10 **Feder-/Grünkohl-** oder **Wirz-/Wirsingblätter**, in feinen Streifen · 1 Handvoll **grüne Bohnen** · 2 **kleine festkochende Kartoffeln** · 1,2 l **Gemüsebrühe** · 1 dl / 100 ml **Rahm/Sahne** · **Meersalz** · **Pfeffer** aus der Mühle ❧ 100 g **Sbrinz** oder **Alpkäse**, gerieben · **etwas Olivenöl**, zum Beträufeln

1 Für die Buchweizennudeln alle Zutaten in der Küchenmaschine oder von Hand zu einem geschmeidigen Teig kneten. Rund 30 Minuten zugedeckt ruhen lassen.

2 Nudelteig 2 mm dick ausrollen und in 1 cm breite und 3 cm lange Stücke schneiden.

3 Karotten und Kartoffeln schälen und in Würfelchen schneiden. Krautstiele (mit Grün) und Grünkohl in Streifen schneiden. Den Stielansatz bei den Bohnen abknipsen.

4 Zwiebeln im Olivenöl andünsten, Gemüse mitdünsten, Kartoffeln zugeben, mit der Gemüsebrühe ablöschen, aufkochen, 15 Minuten köcheln lassen, Buchweizennudeln 10 bis 15 Minuten mitköcheln. Rahm zugeben, mit Salz und Pfeffer abrunden. Am Tisch mit Käse und Olivenöl verfeinern.

Tipp

Nudeln zum Aufbewahren bei Zimmertemperatur trocknen.

Puschlav

Ein Gebirgstal im Süden des Kantons Graubünden.

INJERA – TEFF-FLADEN MIT MEERRETTICHSAUCE

1 ½ Tasse **Teffmehl** · 7 Tassen **warmes Wasser** · **Salz** · **Olivenöl**, zum Braten **Meerrettichsauce** 180 g **Sauer-rahm/saure Sahne** · **wenig Meerrettich**, geschält und gerieben · 1 Bund **Schnittlauch**, fein geschnitten · **Pfeffer** aus der Mühle **glattblättrige Petersilie**, für die Garnitur

1 Teffmehl und Wasser glatt rühren, 3 bis 4 Tage zugedeckt stehen lassen. Der Teig muss Bläschen bilden. Leicht salzen.

2 Eine flache Gusseisenbratpfanne mit Öl einpinseln. Pfanne aufheizen. Etwa einen Schöpflöffel des dünnen Teigs in die Pfanne geben und durch Bewegen verteilen. Zugedeckt braten, bis es dampft. Injera stapeln oder aufrollen und warm stellen. Mit der Meerrettichsauce servieren.

Injera füllen

Gemüsefüllung (Seite 82), Guacamole (Seite 89), Spinat (Seite 91), Dörrtomatenfüllung (Seite 93) oder eine beliebige andere Füllung.

Starter

Etwa eine Tasse Teffteig als «Starter» für den nächsten Teig entnehmen, in ein Glas mit Schraubverschluss füllen, kühl stellen. So kann die Ruhezeit auf einen Tag (anstatt 2 bis 3 Tage) verkürzt werden.

BUCHWEIZENBLINIS MIT GEMÜSE

für 8 bis 10 Blinis 🌀 125 g **feines Buchweizenmehl** • 1 ½ dl / 150 ml **Voll-** oder **Butter-** oder **Sojamilch** • 10 g **Frisch-hefe** oder ½ Briefchen **Trockenhefe** • 1 **Ei** • 1 EL **Olivenöl** • 1 Prise **Meersalz** • getrockneter **Thymian** • **Pfeffer** aus der Mühle • 150 g **gemischtes Saisongemüse**, z. B. Feder-/Grünkohl, Karotte, Lauch, Kürbis usw., in feinen Streifen (Juliennes) 🌀 **Olivenöl**, zum Braten

1 Gemüse im Dampf 2 bis 3 Minuten garen.

2 Für die Blinis die Hefe in der Milch auflösen, mit Ei und Olivenöl zum Buchweizenmehl geben und zu einem glatten Teig rühren. Würzen. 30 Minuten ruhen lassen. Gemüse unterrühren.

3 Wenig Olivenöl in einer beschichteten Bratpfanne erhitzen, für jedes Blini einen halben Suppenschöpflöffel Teig in die Pfanne geben, Blinis beidseitig braten.

Tipp

Dazu passt die Meerrettichsauce, Seite 81.

Variante

Buchweizenmehl durch Amarant-, Quinoa- oder Teffmehl ersetzen. Je nach Mehlsorte und Mehlfeinheit kann die Flüssigkeitsmenge variieren.

MAIS-QUINOA-BLINIS MIT MAIS-RAITA

für 10 bis 12 Blinis  70 g **feines Maismehl** · 70 g **Quinoamehl** · ½ TL **Meersalz** · 1 TL **phosphatfreies Backpulver** · 2 dl / 200 ml **Soja-** oder **Kuhmilch** · 2 **Eier** · 1 EL **Olivenöl** ❧ **schwarzes Sesamöl** oder **Olivenöl**, zum Braten ❧ **Mais-Raita** 200 g **Kuh-** oder **Schafmilchjoghurt** · 1 EL **Sesamöl** oder **Olivenöl** · ½ TL **Senfkörner** · 50 g **Zuckermais-körner**, aus Dose / Glas oder frisch (Seite 85) · 1 TL **geriebener Ingwer** · 1 **Knoblauchzehe**, durchgepresst · 1 Prise **Kreuzkümmel** · **Meersalz** · **Pfeffer** aus der Mühle · 1 Prise **Curry** · **fein geschnittener Koriander**, für die Garnitur

1 Für die Blinis alle Zutaten zu einem glatten Teig rühren. 30 Minuten ruhen lassen.

2 Für die Raita Senfkörner im Sesamöl leicht rösten, auskühlen lassen. Alle Zutaten unter den Joghurt rühren.

3 Für die Blinis wenig Öl in einer beschichteten Bratpfanne erhitzen, für jedes Blini einen halben Suppenschöpflöffel Teig in die Pfanne geben, Blinis beidseitig braten.

AMARANT-MAIS-PUFFER MIT SCHNITTLAUCH

für 2 Personen %% 2 **Eier** • 1 **Eigelb** • 150 g **Zuckermaiskörner**, aus Dose / Glas oder frisch • 4 EL **gepuffter Amarant** • 1 Bund **Schnittlauch**, fein geschnitten • **Kräutermeersalz** • **Pfeffer** aus der Mühle %% **Olivenöl**, zum Braten

1 Eier und Eigelb verrühren, Zuckermaiskörner, Amarant und Schnittlauch zugeben, würzen.

2 Wenig Olivenöl in einer beschichteten Bratpfanne erhitzen, für jeden Puffer einen guten halben Suppenschöpflöffel der Masse in die Pfanne geben und beidseitig braten.

Variante
Puffer mit abgeriebener Limetten- oder Zitronenschale abrunden.

Erntefrischer Zuckermais
Maiskolben von Hüllblättern und Barthaaren befreien. Kolben im Dampf knapp 10 Minuten garen (die Körner dürfen noch Biss haben). Kolben auskühlen lassen. Maiskörner mit einem scharfen Messer vom Kolben schneiden.

QUINOA-BÄRLAUCH-PUFFER MIT FRÜHLINGSZWIEBELN

für 2 Personen ❧ 4 **Eier** · 100 g **gekochter Quinoa** · 1 Handvoll **junger Bärlauch oder** 1 Bund **Schnittlauch**, fein geschnitten · 1 Bund **Frühlingszwiebeln mit Grün**, fein geschnitten · **Kräutermeersalz** · **Pfeffer** aus der Mühle ❧ **schwarzes Sesamöl** oder **Haselnussöl**, zum Braten

1 Eier verquirlen, Quinoa, Kräuter und Zwiebeln unterrühren, mit Salz und Pfeffer abschmecken.

2 Schwarzes Sesamöl in einer beschichteten Bratpfanne erwärmen. Die Masse mit einem Esslöffel portionieren (nicht zu viel, die Masse läuft auseinander) und in die Pfanne geben, beidseitig braten.

Tipp

Mit einem bunten Salat servieren.

Variante

Quinoa durch gekochte Hirse ersetzen.

GEMÜSEPUFFER MIT QUINOA

für 2 Personen 2–3 **Eier** • 150–200 g **Lauch**, fein geschnitten • 1 EL **gehackte glattblättrige Petersilie** • 1 Msp **klein gewürfelter Peperoncino** • 4–5 gehäufte EL **gekochter Quinoa** • **Kräutersalz** • **Pfeffer** aus der Mühle • 1 **Bio-Zitrone,** wenig abgeriebene Schale **Olivenöl** oder **Haselnussöl** oder **Sesamöl**, zum Braten

1 Eier verquirlen, übrige Zutaten zugeben, gut mischen, würzen.

2 In einer beschichteten Bratpfanne wenig Öl erwärmen, Gemüse-Quinoa-Masse mit einem Esslöffel portionieren, in die Pfanne geben, etwas flach drücken, Puffer beidseitig braten.

Tipp

Für eine Mahlzeit mit Kartoffelpüree und einem Blattsalat servieren.

MAIS-CHAPATIS MIT GEPUFFTEM AMARANT UND GUACAMOLE

für 2 Personen ❧ 90 g **feines Maismehl** • 2 **Eier** • ca. 1½ dl / 150 ml **Hafer-, Soja-** oder **Kuhmilch** • 2 EL **Olivenöl** • ½ TL **Meersalz** • 20 g **gepuffter Amarant** (Bioladen) ❧ **schwarzes Sesamöl** oder **Olivenöl**, zum Braten • **schwarze Sesamsamen** ❧ **Guacamole** 1 **reife Avocado** • 1 **Fleischtomate** • 1 **kleine Zwiebel** • 1 Handvoll **glattblättrige Petersilie** oder **Basilikum** • ½ **Zitrone**, Saft • 2 EL **Olivenöl**

1 Für die Chapatis Maismehl, Eier, Milch, Olivenöl und Salz glatt rühren, 30 Minuten ruhen lassen. Gepufften Amarant unterrühren.

2 In einer Bratpfanne wenig Sesamöl erwärmen, Teig mit einem Schöpf-löffel portionieren und kleine Chapatis braten, vor dem Wenden mit schwarzen Sesamsamen bestreuen. Auskühlen lassen.

3 Für die Guacamole Avocado halbieren, Stein entfernen, Fruchtfleisch aus der Schale lösen. Tomate an der Spitze über Kreuz einschneiden, in einem Schaumlöffel in kochendes Wasser tauchen, bis sich die Haut löst, Tomate schälen, Stielansatz ausstechen, Tomaten vierteln und entkernen. Alle Zutaten zu einer Paste mixen.

4 Guacamole auf die Chapatis verteilen, einschlagen und mit einem Zahnstocher fixieren. Sofort servieren.

QUINOACRÊPES MIT SPINAT UND FETA

für 2 bis 3 Personen 🌿 **Crêpes** 3 **Eier** · 1 ¼ dl / 125 ml **Hafer-, Soja-** oder **Kuhmilch** · 1 EL **Olivenöl** · ½ TL **Meersalz** · 100 g **feines Quinoamehl** · 1 EL **fein gehackte Rosmarinnadeln** 🌿 **Olivenöl** oder **Rapsöl**, zum Braten 🌿 **Füllung** 1 EL **Olivenöl** · 400 g **Spinat** · 2 **Knoblauchzehen**, klein gewürfelt · 150 g **Feta**, fein zerbröckelt · 100 g **Ricotta** · 1 **Bio-Zitrone**, abgeriebene Schale · **Meersalz** · **Pfeffer** aus der Mühle 🌿 **Zum Überbacken Thymian, geriebener Sbrinz, Zitronenschale, wenig Olivenöl** 🌿 **Zitronensauce** 1 dl / 100 ml **Weißwein** · ¼–½ **Bio-Zitrone** (je nach Größe), abgeriebene Schale und Saft · 1 dl / 100 ml **Rahm/Sahne** · 1 Msp **Maisstärke** · **Meersalz**

1 Alle Zutaten für den Teig glatt rühren, würzen. 30 Minuten quellen lassen.

2 Für die Füllung Spinat mit Knoblauch im Olivenöl dünsten, bis die Blätter zusammengefallen sind. Auskühlen lassen. Feta und Ricotta unterrühren, mit Zitronenschale, Salz und Pfeffer abschmecken.

3 In einer Bratpfanne wenig Öl erwärmen, Teig portionieren und dünne Crêpes braten.

4 Spinatmasse auf die Crêpes verteilen, einrollen. In eine mit Butter eingefettete Gratinform legen, mit abgezupften Thymianblättchen, Sbrinz und Zitronenschale bestreuen, mit Olivenöl beträufeln. Im vorgeheizten Ofen bei 200 °C 25 Minuten backen.

5 Für die Zitronensauce Weißwein mit Zitronensaft auf die Hälfte einkochen lassen. Maisstärke mit Rahm glatt rühren, zur Weißweinreduktion geben, unter Rühren aufkochen und einige Minuten köcheln lassen, mit Zitronenschale und Salz abschmecken. Sauce separat servieren.

BUCHWEIZEN-KICHERERBSEN-CRÊPES

für 2 Personen 3 **Eier** · 2¹/₂ dl / 250 ml **Milch** · 1 EL **Olivenöl** · 50 g **Kichererbsenmehl** · 40 g **feines Buchweizen-mehl** · 1 Msp **Meersalz** · 2 EL **gehackte Rosmarinnadeln** **Olivenöl**, zum Braten **Dörrtomatenfüllung** 220 g **in Olivenöl eingelegte Dörrtomaten** · 200 g **Ziegenfrischkäse** · ½ Bund **Basilikum** **Basilikum**, für die Garnitur

1 Für die Crêpes alle Zutaten zu einem Teig rühren, 30 Minuten ruhen lassen.

2 In einer Bratpfanne wenig Öl erwärmen, Teig portionieren, 8 dünne Crêpes braten. Warm halten.

3 Für die Füllung Dörrtomaten in Streifen schneiden, mit Frischkäse und abgezupftem Basilikum fein pürieren.

4 Dörrtomatenfüllung auf den Crêpes verstreichen, Crêpes aufrollen.

Tipp

Die Crêpes können für den Vorrat tiefgekühlt werden.

GRÜNE HIRSECRÊPES

für 2 Personen ❧ 100 g **feines Hirsemehl** (im Reformhaus mahlen lassen) • 1 ¼ dl / 125 ml **Soja-, Hafer-** oder **Kuhmilch** • 3 **Eier** • 1 EL **Pesto** (Bärlauch, glattblättrige Petersilie, Rucola) • **Meersalz** ❧ **Olivenöl**, zum Braten ❧ **Füllung** 100 g **Feta** • 50 g **getrocknete, in Olivenöl eingelegte Tomaten** • ½ Bund **Basilikum**, Blättchen abgezupft

1 Hirsemehl, Milch und Eier zu einem Teig rühren, Pesto unterrühren, mit Meersalz abschmecken. Teig 30 Minuten ruhen lassen.

2 In einer beschichteten Bratpfanne wenig Olivenöl erwärmen, Teig portionieren und 4 dünne Crêpes braten. Warm stellen.

3 Für die Füllung alle Zutaten mixen.

4 Füllung auf den Crêpes verstreichen, Crêpes aufrollen.

❧

Variante
Crêpes mit Spinat und Feta füllen.

GEMÜSECURRY MIT SCHWARZEM QUINOA

für 2 Personen ❧ 2½ dl / 250 ml **Kokosnussmilch** • ½ TL **Gelbwurz,** für die Farbe • ½ EL **mittelscharfer Curry** • 1 **kleine Zwiebel**, klein gewürfelt • 1 **kleine Knoblauchzehe**, klein gewürfelt, nach Belieben • wenig **frische** oder **getrocknete rote Chilischote** • 500 g **Gemüse**: Karotte, Lauch, Wirz/Wirsing, rote Peperoni/Gemüsepaprika, Kefen/Zuckerschoten, grüne Bohnen, Brokkoli, Blumenkohl • 80 g **gekochte Kichererbsen** aus dem Glas • 1 EL **gehackte Petersilie** • 1 **Bio-Zitrone**, wenig abgeriebene Schale ❧ 100 g **schwarzer Quinoa** • 2½ dl / 250 ml **Gemüsebrühe**

1 Quinoa in der Gemüsebrühe weich garen.

2 Gemüse je nach Sorte schälen/putzen und zerkleinern.

3 Kokosmilch mit den Gewürzen aufkochen und 5 Minuten köcheln lassen. Das zerkleinerte Gemüse zugeben und bei schwacher Hitze 12 bis 15 Minuten köcheln lassen. Das Gemüse soll noch Biss haben. Die letzten 2 Minuten Kichererbsen und schwarzen Quinoa mitkochen, mit Kräutern und Zitronenschale abschmecken.

KARTOFFEL-QUINOA-FRITTATA

für 2 Personen ❧ 2 EL **Olivenöl** • 1 **rote Zwiebel** • 200 g **mehligkochende Kartoffeln** • 3 **Eier** • 100 g **gekochter Quinoa** • 1 TL **Thymianblättchen** oder **gehackte Rosmarinnadeln** • **Meersalz** • **Pfeffer** aus der Mühle ❧ **Olivenöl**, zum Braten

1   Zwiebel in feine Streifen schneiden. Kartoffeln schälen und auf der Röstiraffel/auf dem Gemüsehobel grob hobeln.

2   Zwiebeln und Kartoffeln in einer großen Bratpfanne im Olivenöl unter Rühren etwa 8 Minuten braten. Eier verquirlen, Quinoa unterrühren und würzen, unter die Kartoffeln mischen.

3   Frittata in der Pfanne stocken lassen oder in eine eingefettete Gratinform füllen und im vorgeheizten Ofen bei 200 °C 20 Minuten backen.

4   Warm oder lauwarm servieren.

Tipp

Ziegenmilch- oder Schafmilchquark mit fein geriebenem Meerrettich und wenig Leinsamenöl und Pfeffer würzen. Separat dazu servieren.

ROTER QUINOA MIT GEBRATENEM SALBEI

für 2 Personen ✿ 100 g **Quinoa** · 2½ dl / 250 ml **Tomatensaft** · 1 TL **Olivenöl** · **Meersalz** · **Pfeffer** aus der Mühle ✿
Olivenöl · **Salbeiblätter**

1 Quinoa in einem Sieb mit heißem Wasser überbrausen, mit Tomaten-
saft und Olivenöl aufkochen, bei schwacher Hitze etwa 10 Minuten
ausquellen lassen, mit Salz und Pfeffer abschmecken.

2 Salbeiblätter im Olivenöl braten, als Garnitur verwenden.

ZUCCHINI-QUINOA-AUFLAUF

für 2 Personen 2 EL **Olivenöl** · 1 **kleine Zwiebel**, in Streifen · 1 **kleine rote Peperoni/Gemüsepaprika** · 1 **kleiner Zucchino** · 80 g **gekochter Quinoa** · 3–4 **Eier**, verquirlt · 1 EL **fein gehackte Petersilie** oder **fein geschnittenes Basilikum** · **Pfeffer** aus der Mühle · **Salz** **schwarze Sesamsamen**

1 Peperoni halbieren, Stielansatz, Kerne und weiße Rippen entfernen, Schotenhälften in Streifen schneiden. Zucchino in feine Scheiben schneiden. Gemüse im Olivenöl 5 Minuten dünsten.

2 Eier verquirlen, mit Kräutern, Pfeffer und Salz würzen, Quinoa und Gemüse unterrühren. Masse in eine eingefettete Gratinform füllen und mit schwarzen Sesamsamen bestreuen.

3 Gratin in der Mitte in den vorgeheizten Ofen schieben und bei 200 °C 20 bis 30 Minuten backen.

Schwarze Sesamsamen

Die Samen sind reich an Calcium und für Menschen, die auf Milch verzichten, eine gute Mineralstoffquelle.

Variante

Peperoni/Gemüsepaprika durch 150 g Kürbisstreifchen ersetzen.

KRÄUTERHIRSOTTO MIT OFENKAROTTEN

für 2 Personen **Hirsotto** 1 EL **Olivenöl oder schwarzes Sesamöl** · 1 **kleine Zwiebel**, klein gewürfelt · 100 g **Hirse** oder **Quinoa** · 2 dl / 200 ml **heiße Gemüsebrühe** · 1 Msp **fein gehackte Rosmarinnadeln** · 1 Msp **fein gehackter Thymian** **Ofenkarotten** 300 g **Karotten** · 1–2 EL **unraffiniertes Kokosfett** · 1 EL **Zhug-Gewürz** (Gewürzmischung aus dem Jemen, im Original meistens eine Paste, erhältlich im Bioladen) 1 Prise **Kreuzkümmel** · **Meersalz**

1 Für den Hirsotto Zwiebeln im Öl andünsten, Hirse mitdünsten, mit der Gemüsebrühe ablöschen, Kräuter unterrühren, 8 bis 10 Minuten (je härter das Wasser ist, desto länger die Kochzeit) köcheln, dann auf der ausgeschalteten Wärmequelle zugedeckt ausquellen lassen.

2 Karotten nach Belieben schälen und längs in Stäbchen schneiden, auf ein mit Backpapier belegtes Blech legen und mit Kokosfett bestreichen, mit Salz und Zhug-Gewürz bestreuen. Im vorgeheizten Ofen bei 220 °C 20 bis 25 Minuten backen.

3 Hirsotto mit den Karotten anrichten.

Tipp

Mit einem Dip aus Sauerrahm und fein geschnittenem Koriander oder mit Ziegenfrischkäse mit Meerrettich servieren.

PEPERONI MIT QUINOA-SPINAT-FÜLLUNG

für 2 Personen 🍃 2 **rote Peperoni / Gemüsepaprika** 🍃 **Füllung** 100 g **Quinoa** • 2 dl / 200 ml **Gemüsebrühe** • 100 g **geriebener Käse, Sbrinz oder Gruyère** • 1 EL **Olivenöl** • 1 **Knoblauchzehe**, klein gewürfelt • 250 g **frischer Spinat** • **Pfeffer** aus der Mühle 🍃 wenig **Weißwein,** für die Form

1 Quinoa in der Gemüsebrühe etwa 10 Minuten kochen, auf der aus-geschalteten Wärmequelle zugedeckt ausquellen lassen.

2 Knoblauch und Spinat im Olivenöl andünsten, Flüssigkeit abgießen.

3 Peperoni halbieren, Stielansatz, Kerne und weiße Rippen entfernen.

4 Alle Zutaten für die Füllung mischen, mit Pfeffer abschmecken, in die Schotenhälften füllen. Peperoni in eine Gratinform stellen, ein wenig Weißwein in die Form gießen. Im vorgeheizten Ofen bei 180 °C 35 bis 40 Minuten backen (wer die Peperoni gerne weich hat, sollte sie vor-her blanchieren).

Tipp

Mit einer selbstgemachten Tomaten- oder Zitronensauce servieren. Unter den Spinat nach Belieben ein wenig zerbröckelten Feta mischen und dafür weniger Reibkäse nehmen.

RONDINI MIT ROTEM QUINOA

für 2 Personen ❧ 2 **Rondini** (Kürbisart) ❧ 1 EL **Olivenöl** • 1 **kleine Zwiebel**, klein gewürfelt • 100 g **frische Pilze**, gehackt • **ausgehöhltes Rondinifleisch**, gehackt • 100 g **gekochter roter Quinoa**, Seite 97 • **Kräutermeersalz** • **fein gehackter Thymian** • **Pfeffer** aus der Mühle • 100 g **Feta**, zerbröckelt • 2 EL **geriebener Sbrinz**

1 Stielansatz der Rondini abschneiden, Gemüsefrüchte quer halbieren und so viel Fruchtfleisch mit einem Löffel auskratzen, dass es genug Platz für die Füllung gibt. Die Rondinihälften in der Gemüsebrühe 6 bis 8 Minuten köcheln, auskühlen lassen.

2 Zwiebeln, Pilze und Rondinifleisch im Olivenöl 6 Minuten dünsten, Quinoa und Feta unterrühren, mit Kräutersalz, Pfeffer und Thymian würzen.

3 Rondini in eine eingefettete Gratinform stellen und mit der Quinoa-mischung füllen, Käse darüberstreuen. Im vorgeheizten Ofen bei 180 bis 200 °C etwa 20 Minuten backen.

Tipps

Mit der Zitronensauce, Seite 91, servieren. Rondini durch Zucchini oder Patissons ersetzen.

TEFFMAKKARONI-SPINAT-GRATIN

für 2 Personen 2 EL **Olivenöl** · 2 **Knoblauchzehen**, klein gehackt · 300 g **Spinat** · **Kräutersalz** · 300 g **gekochte Teffmakkaroni** (120 g Rohgewicht) · 120 g **grob geriebener Alpkäse** · 1,2 dl / 120 ml **Rahm/Sahne**

1 Gewaschenen, gut abgetropften Spinat mit Knoblauch im Olivenöl andünsten, abgießen, mit Kräutersalz abschmecken.

2 Alle Zutaten mischen und in eine eingefettete Gratinform füllen.

3 Das Gratin in den auf 200 °C vorgeheizten Ofen schieben und etwa 30 Minuten backen.

Variante

Teffmakkaroni durch 300 g gekochten Quinoa ersetzen.

HIRSE-BLUMENKOHL-PÜREE

für 2 Personen ❦ 1 EL **Olivenöl** • ½ **Zwiebel**, klein gewürfelt • 100 g **Hirsekörner** • 1 ¼ dl / 125 ml **Wasser** • ½ **kleiner Blumenkohl**, in Röschen • **Muskatnuss** oder **Thymian** • **Olivenöl** oder **Butter** • **Pfeffer** aus der Mühle

1 Zwiebeln im Olivenöl andünsten, Hirsekörner mitdünsten, mit Wasser ablöschen, köcheln lassen, bis die Hirsekörner weich sind.

2 Blumenkohl im Dampf weich garen.

3 Blumenkohl mit Hirse durch das Passevite/die Flotte Lotte drehen. Püree erhitzen, würzen und mit Olivenöl oder Butter verfeinern. Mit frischem Pfeffer bestreuen.

HIRSEKUGELN MIT TOMATEN

für 2 Personen ❧ 1 EL **Olivenöl** • 1 **kleine Zwiebel**, klein gewürfelt • 1 **Knoblauchzehe**, klein gewürfelt • 120 g **Hirse-grieß** • 1 EL **fein gehackte Kräuter**: Thymian, Rosmarin, Majoran • 1 ½ dl / 120 ml **Weißwein** • 1 ½ dl / 150 ml **Gemüse-brühe** • 1 **Bio-Zitrone**, wenig abgeriebene Schale • **Kräutermeersalz** • **Pfeffer** aus der Mühle • 1 Prise **Zhug-Gewürz** (Gewürzmischung aus dem Jemen, meist in Pastenform, erhältlich im Bioladen) • 2 EL **gehackte Pinienkerne** ❧ **Hasel-nussöl** ❧ **Tomatengemüse** 3 Fleischtomaten • 2–3 EL **Olivenöl** • **Meersalz** • **Pfeffer** aus der Mühle • **fein geschnit-tenes Basilikum** ❧ **grob gehobelter Sbrinz**

1 Zwiebeln und Knoblauch im Olivenöl andünsten, Hirse mitdünsten, mit Kräutern würzen, mit Weißwein und Gemüsebrühe ablöschen, unter Rühren aufkochen, etwa 5 Minuten köcheln und zugedeckt ausquellen lassen. Würzen, Pinienkerne unterrühren. Aus der Hirse-masse kleine Kugeln formen und im Haselnussöl braten.

2 Für die Sauce Tomaten an der Spitze kreuzweise einschneiden, in kochend heißes Wasser legen, bis sich die Haut löst. Tomaten unter kaltem Wasser abschrecken, dann schälen, Stielansatz ausstechen, Gemüsefrüchte vierteln oder achteln und entkernen. Tomaten im Olivenöl erwärmen, würzen, Basilikum unterrühren.

3 Hirsekugeln mit den Tomaten anrichten, mit dem Käse bestreuen.

POLENTATERRINE MIT OLIVEN UND DÖRRTOMATEN

für 4 Personen 🌀 4¹/₂ dl / 450 ml **Soja-** oder **Kuhmilch** • 4¹/₂ dl / 450 ml **Wasser** • 1 TL **Meersalz** • 270 g **feiner Maisgrieß** • 3 **Rosmarinzweiglein**, Nadeln abgestreift und fein gehackt • 60 g **entsteinte schwarze Oliven**, fein gehackt • 60 g **Dörrtomaten**, in Wasser eingeweicht, fein gehackt 🌀 40 g **geriebener Sbrinz** oder **Parmesan** • **Olivenöl**

1 Milch, Wasser und Salz aufkochen, Maisgrieß einrieseln lassen und unter Rühren zu einer dickflüssigen Polenta einkochen, Topf von der Wärmequelle nehmen, Rosmarin, Oliven und Tomaten unterrühren. Polenta in eine mit Butter eingefettete Cakeform füllen, rund 30 Minuten ruhen lassen. Terrine mit Käse bestreuen, mit Olivenöl beträufeln.

2 Polenta im vorgeheizten Ofen bei 170 °C rund 30 Minuten backen.

Tipp

Terrine mit einer Pilz- oder Tomatensauce servieren. Sie schmeckt auch kalt und kann gut ins Büro mitgenommen werden, daher lohnt sich die Zubereitung einer größeren Menge.

SÜSSER HIRSEAUFLAUF MIT ROSINEN

für 4 Personen 250 g **Hirse** • ½ l **Hafer-** oder **Reis-** oder evtl. **Kuhmilch** • 1 TL **Meersalz** • 1 **Bio-Zitrone**, abgeriebene Schale, oder ½ TL **Zimtpulver** • 2 EL **Sultaninen** • 2 EL **geriebene Mandeln** • 2 EL **Honig / Akazienblütenhonig** • 2 **Eigelbe** • 2 **Eiweiß** • **Butter**, für die Form

1 Hirse, Milch und Salz aufkochen, 15 bis 20 Minuten köcheln lassen. Getreide zugedeckt 10 Minuten quellen lassen. Zitronenschale, Sultaninen und Mandeln unterrühren. Honig mit Eigelb cremig rühren. Eiweiß steif schlagen und unter das Eigelb ziehen, locker unter die Hirse heben. Masse in eine mit Butter eingefettete Gratinform füllen.

2 Hirseauflauf in der Mitte in den auf 180 bis 200 °C vorgeheizten Ofen schieben und 40 bis 45 Minuten backen.

Tipp
Mit einem Apfel- oder Zwetschgenkompott servieren.

HIRSEGRIESS-KÜRBIS-GRATIN

für 2 Personen ❧ 50 g **geriebene Mandeln** • 50 g **geriebener Gruyère** • 80 g **Vollmilchquark** oder **Sauerrahm/
saure Sahne** • 3 EL **Rahm/Sahne** oder **Milch** oder **Olivenöl** • 2 **Eier** • 60 g **Hirsegrieß** • 300 g **Kürbis,** z. B. Butternut
oder Muscade de Provence • **Provencekräuter** oder 1 TL **gehackter Thymian** • 1 Prise **mittelscharfer Curry** •
Kräutermeersalz • **Pfeffer** aus der Mühle • **Pinienkerne** ❧ **Salbeiblätter,** für die Garnitur

1 Geriebene Mandeln, Gruyère, Quark, Rahm, Eier und Hirsegrieß ver-
   rühren, Kürbisfleisch auf der Röstiraffel dazureiben, gut mischen.
   30 Minuten quellen lassen.

2 Backofen auf 200 °C vorheizen.

3 Kürbismasse würzen, dann in eine mit Butter eingefettete Gratinform
   oder in eingefettete Portionsförmchen füllen, mit Pinienkernen und
   Salbeiblättern bestreuen.

4 Das Gratin in der Mitte in den Ofen schieben und bei 200 °C 35 bis
   45 Minuten backen, Nadelprobe machen. Lauwarm servieren.

❧

Tipp
Das Gratin erkalten lassen, portionieren und mit einem Salat als Vor-
speise servieren.

❧

Variante
Kürbis durch Zucchini ersetzen.

NACHSPEISEN

AMARANT-MANGO-CREME

für 2 Personen ❧ 3 dl / 300 ml **Kuh-** oder **Hafermilch** · 50 g **feines Amarantmehl** oder **feines Hirsemehl** · 1 Prise **Vanillepulver**· 50 g **getrocknete Mangos** · 1–2 EL **Akazienhonig** · 1 dl / 100 ml **Rahm/Sahne**, steif geschlagen ❧ 100–150 g **frische Beeren**

1 Milch, Amarantmehl und Vanillepulver unter Rühren aufkochen, köcheln lassen, bis die Masse bindet.

2 Getrocknete Mangos mit heißem Wasser übergießen, 30 Minuten quellen lassen. Abgießen (das Wasser kann man trinken). Mangos fein pürieren.

3 Mangopüree unter die Amarantcreme rühren. Mit Honig süßen. Creme mit dem Stabmixer luftig aufschlagen. Rahm steif schlagen und unterheben.

4 Einen Teil der Beeren auf Glasschalen verteilen, Creme daraufgeben, mit den restlichen Beeren garnieren.

HIRSEGRIESSKÖPFCHEN MIT BEEREN

für 4 Förmchen 🎍 40 g **Hirsegrieß** oder **-mehl** • 1 ½ dl **Reis-** oder **Hafer-** oder **Kuhmilch** • 1 ½ dl / 150 ml **Rahm/ Sahne** • 1–2 EL **Akazienblütenhonig** oder **Agavendicksaft**, Menge je nach gewünschter Süße • 1 Prise **Vanillepulver** • ½ TL **Agar-Agar-Pulver** 🎍 400 g **gemischte Beeren** 🎍 2–3 EL **Holunderblüten-** oder **Beerensirup**

1 Hirsegrieß, Milch, Rahm, Akazienhonig, Vanillepulver sowie Agar-Agar-Pulver unter Rühren aufkochen, 2 bis 3 Minuten köcheln lassen, bis die Creme bindet. Hirsecreme in die mit kaltem Wasser ausgespülten Förmchen füllen, abkühlen lassen, kühl stellen.

2 Beeren mit Sirup mischen.

3 Hiseköpfchen stürzen, mit den Beeren garnieren.

AMARANTBÄLLCHEN*

für 15 Kugeln ❧ 1 dl / 100 ml **Rahm/Sahne** • 70 g **gepuffter Honig-Amarant** (Bioladen, Reformhaus) • ½ Prise **Vanille-pulver** • 1 Prise **Zimt**, nach Belieben • 1 EL **Akazienhonig** ❧ **gepuffter Honig-Amarant**, zum Formen

1   Rahm steif schlagen, gepufften Amarant unterheben, mit Vanille und Zimt abrunden. Honig unterheben.

2   Amarantcreme mit einem Esslöffel oder mit einem kleinen Eislöffel portionieren und mit dem gepufften Amarant zu Kugeln formen. Sofort servieren oder kühl stellen.

AMARANT-DATTEL-KUGELN*

für 15 bis 20 Kugeln 8 EL **gepuffter Honig-Amarant** · 1 Handvoll **Datteln**, entsteint, zerkleinert · **Zimt-** oder **Vanillepulver** oder **abgeriebene Bio-Orangenschale** · 1–2 EL **Akazienblütenhonig** oder **Agavendicksaft** · 6 EL **geriebene Nüsse**, z. B. Mandeln oder Erdmandeln **Kakaopulver und gepuffter Amarant**, zum Wenden

Alle Zutaten zu einer homogenen Masse cuttern. Masse portionieren und Kugeln formen, im Kakaopulver oder im gepufften Amarant wenden.

Haltbarkeit

Die Kugeln können in einer Blechdose lange aufbewahrt werden.

* Abbildung auf Seite 118–119

QUINOA-DATTEL-KUGELN*

für 15 bis 20 Kugeln ❧ 12 EL **gepuffter Honig-Quinoa oder gepuffte Honig-Hirse** · 150 g **Dörrfrüchte: Datteln, Aprikosen, Feigen,** zerkleinert · 2 EL **Grand Marnier** oder Orangensaft · 2 EL **geriebene Cashewnüsse** oder **Nüsse nach Wahl** · 2 EL **Erdmandelmus** · ca. 3 EL **flüssiger Honig** · 1 TL **Zimtpulver** ❧ **Kakaopulver** oder **geriebene Zartbitterschokolade**, zum Wenden

Sämtliche Zutaten zu einer homogenen Masse cuttern. Portionieren und Kugeln formen, naturbelassen oder im Kakaopulver oder in der Schokolade wenden.

* Abbildung auf Seite 118–119

SÜSSE HIRSEKUGELN MIT
HAGEBUTTENSAUCE

für 2 Personen ❧ 3 dl / 300 ml **Kuh-, Hafer-** oder **Reismilch** · 80 g **feines Hirsemehl** · 1 Prise **Meersalz** · 1 Prise **Zimtpulver** · 1 ½ EL **Birnendicksaft** · 80 g **geröstete, geriebene Mandeln** · 1 **Bio-Zitrone**, abgeriebene Schale · 50 g **Rosinen** oder **Datteln**, fein gehackt ❧ 1 **Eigelb** · **geriebene Nüsse**, zum Bestreuen ❧ **Hagebuttensauce** 100 g **Hagebuttenkonfitüre** · ½ dl / 50 ml **Apfelsaft** · 1 Msp **Maisstärke** · wenig **Zitronensaft** ❧ **Minze**, für die Garnitur

1 Milch, Hirsemehl, Salz und Zimt in der Pfanne glatt rühren, unter Rühren aufkochen und köcheln lassen, bis die Masse dickflüssig ist. Birnendicksaft, Mandeln, Zitronenschalen und Rosinen unterrühren. Auskühlen lassen.

2 Vom Hirsebrei mit einem Eisportionierer Kugeln abstechen und diese in eine mit Butter eingefettete Gratinform legen, mit Eigelb bepinseln und mit Nüssen bestreuen.

3 Hirsekugeln in der Mitte in den vorgeheizten Ofen schieben und bei 220 °C 15 bis 20 Minuten backen.

4 Für die Sauce Hagebuttenkonfitüre mit Apfelsaft erhitzen, mit der Maisstärke binden und mit Zitronensaft abrunden.

5 Hirsekugeln anrichten, mit der Hagebuttensauce umgießen, mit der Minze garnieren.

QUINOA-BEEREN-TÖPFCHEN MIT VANILLECREME

für 2 Personen ❧ 50 g **Quinoa** · 1 dl / 100 ml **Kuh-** oder **Hafermilch** ❧ 1 Beutel **Bio-Vanillecreme** ❧ 200 g **Wald-beeren** · 2 EL **Zimtzucker** · ❧ 1 dl / 100 ml **Rahm/Sahne** · **Minze**, für die Garnitur

1 Quinoa und Milch unter Rühren aufkochen, bei schwacher Hitze köcheln lassen, bis der Quinoa die Flüssigkeit aufgenommen hat.

2 Vanillecreme nach Packungsbeschrieb zubereiten.

3 In jedes Portionenförmchen 2 EL Quinoa geben, Beeren darauf verteilen, mit Zimtzucker bestreuen, die noch warme Vanillecreme darübergießen. Förmchen mit Klarsichtfolie verschließen, erkalten lassen, kühl stellen. Vor dem Servieren mit Schlagrahm und einem Minzeblättchen garnieren.

MAISPUDDING

für 4 Personen ❧ ¾ l **Kuh-** oder **Hafermilch** · 100 g **feines Maismehl** · 100 g **Rohrohrzucker** oder **Reissirup** ·
1 Prise **Meersalz** · ½ TL **phosphatfreies Backpulver** · 2 EL **Butter** oder **Olivenöl** · 2 **Eier,** getrennt · 1 TL **Zimtpulver**
· 1 Prise **Ingwer** ❧ **Rahm/Sahne**

1 4 dl / 400 ml Milch, Maismehl, Rohrohrzucker, Salz und Backpulver
   unter Rühren aufkochen, Butter zugeben, Topf von der Wärmequelle
   nehmen. Restliche Milch, Eigelbe und Gewürze verquirlen und unter
   den Mais rühren. Eiweiß steif schlagen und unterziehen. Masse in
   eine mit Butter eingefettete Gratinform füllen.

2 Maispudding in der Mitte in den auf 180 °C vorgeheizten Ofen schie-
   ben und etwa 90 Minuten backen.

3 Rahm flaumig schlagen und separat servieren.

KASTANIENSCHAUM

für 4 Personen ❧ ½ l **Rahm/Sahne** • ½ dl / 50 ml **Nussschnaps** oder **Kastanienlikör** • 80 g **gezuckerte Kondens-milch** • 20 g **luftgetrocknetes Kastanienmehl** ❧ **Nussschnaps** oder **Kastanienlikör,** zum Servieren

1 Rahm steif schlagen, Nussschnaps und Kondensmilch unterrühren, Kastanienmehl dazusieben und vorsichtig untermischen. Über Nacht in den Kühlschrank stellen.

2 Kastanienschaum portionieren, mit Nussschnaps servieren.

QUINOA-KOKOSMAKRONEN

20 **Backoblaten**, nach Belieben  125 g **feiner Quinoa- oder Hirseschrot** · 1 ¼ dl / 125 ml **Kuh-, Hafer-** oder **Reismilch** · 125 g **Kokosflocken** · 4 EL **flüssiger Honig** · 1 Prise **Vanillepulver** · 50 g **flüssige Butter** · 2 **Eiweiß**

1 Quinoaschrot in der Milch 2 Stunden quellen lassen. Kokosflocken, Honig, Vanillepulver und Butter unterrühren. Eiweiß steif schlagen und unterziehen.

2 Oblaten auf ein Backblech verteilen, Makronenmasse esslöffelweise daraufhäufen. Oder das Backblech mit Backpapier belegen und Makronenmasse esslöffelweise daraufsetzen.

3 Quinoa-Makronen in der Mitte in den auf 175 °C vorgeheizten Ofen schieben und etwa 20 Minuten backen.

TEFF-BROWNIES

250 g **Butter** · 250 g **Zartbitter-Schokolade**, zerbröckelt · 6 **Eier** · 250 g **Teff-** oder **Amarantmehl** · 1 Briefchen **phosphatfreies Backpulver** · 250 g **Rohrohrzucker** · 100 g **geriebene Haselnüsse** **ganze, geschälte Haselnüsse**

1 Butter mit Schokolade schmelzen, Eier unterrühren. Restliche Zutaten mischen und unterrühren. Den Teig in ein mit Backpapier belegtes tiefes Backblech füllen und gleichmäßig verstreichen. Ganze Haselnüsse gleichmäßig darauf verteilen.

2 Blech in der Mitte in den auf 150 °C vorgeheizten Ofen schieben, Brownies rund 60 Minuten backen. Sofort aus dem Backofen nehmen und abkühlen lassen.

Varianten

Rosinen, Kokosnussraspel oder Pistazien unter den Teig rühren.

KASTANIENGUGELHUPF

für eine mittelgroße Form ❧ 4 **Eigelbe** • 150 g **Rohrohrzucker oder Kastanienhonig** • 100 g **weiche Butter** • 1 EL **Kastanienlikör** • 220 g **Bio-Kastanienpüree** (1 Block) • 150 g **geriebene Haselnüsse** oder **Mandeln** oder Baum-/ **Walnüsse** • 4 **Eiweiß** ❧ **weiche Butter,** für die Form • **geriebene Haselnüsse**, für die Form • **Puderzucker**, zum Bestäuben

1 Form mit Butter einfetten und mit Nüssen ausstreuen. Backofen auf 200 °C vorheizen.

2 Eigelbe, Rohrohrzucker und Butter luftig aufschlagen, Kastanienlikör, Kastanienpüree und Nüsse unterrühren. Eiweiß zu Schnee schlagen und unterheben.

3 Gugelhupf auf der zweituntersten Schiene in den Ofen schieben und bei 200 °C 45 Minuten backen. Aus der Form stürzen und mit Puderzucker bestäuben.

MAISMUFFINS

für 8 Förmchen 125 g **weiche Butter** • 125 g **Rohrohrzucker** • 1 EL **Vanillezucker** • 2 **Eier** • 100 g **feines Maismehl** • 30 g **Maisstärke** • 1 TL **Trockenhefe** **weiche Butter**, für die Förmchen

1 Backofen auf 180 °C vorheizen.

2 Butter, Rohrohrzucker und Vanillezucker cremig aufschlagen, Eier zugeben und kurz weiterschlagen, restliche Zutaten unterrühren. Teig in die Muffinförmchen füllen.

3 Muffins in der Mitte in den vorgeheizten Ofen schieben und bei 180 °C etwa 20 Minuten backen. Nadelprobe machen.

Tipp

Die Muffins sind sehr fein und mürbe. Am besten möglichst frisch essen.

AMARANTKUCHEN

für 2 kleine Cakeformen ❧ 70 g **weiche Butter** • 130 g **Rohrohrzucker** • 2 **Eier** • 125 g **Maisstärke** • 125 g **gepuffter Amarant** (Bioladen) • 2 TL **phosphatfreies Backpulver** • 1 Prise **Meersalz** • 60 g **geriebene Mandeln** oder **Erdmandeln** • 1 **unbehandelte Zitrone**, abgeriebene Schale • ½ TL **Vanillepulver** oder 1 Beutel **Vanillezucker** ❧ 1 ½ dl / 150 ml **Kuh-** oder **Hafer-** oder **Reismilch** ❧ **Butter**, für die Form • **Puderzucker**

1 Backofen auf 180 °C vorheizen.

2 Butter und Zucker zu einer cremigen, luftigen Masse aufschlagen, Eier zugeben und weiterschlagen. Maisstärke, Amarant, Backpulver, Salz, Mandeln, Zitronenschalen und Vanillepulver mischen, unter die Butter-Eier-Masse rühren. Milch unterrühren. Teig in die mit Butter eingefetteten Formen füllen.

3 Cakes in der Mitte in den auf 180 °C vorgeheizten Ofen schieben und 30 bis 35 Minuten backen. Nadelprobe machen. Cake aus dem Ofen nehmen und mit Puderzucker bestäuben.

Tipps

Es empfiehlt sich, kleine Formen zu nehmen, weil der Kuchen gerne einfällt. Der Kuchen kann gut tiefgekühlt werden.

BUCHWEIZEN-SCHOKOLADEN-TORTE

für eine Springform von 24 cm Durchmesser ❧ 4 **Eier** • 130 g **heller Vollrohrzucker** • 1 EL **Baumnuss-/Walnuss-likör** • 200 g **Buchweizenmehl** • 1 Prise **Meersalz** ❧ **Füllung** **Baumnuss-/Walnusslikör** • ½ l **Rahm/Sahne** • 120 g **eingelegte Sauerkirschen** • 100 g **Zartbitter-Schokolade**, grob geraspelt

1 Backofen auf 200 °C vorheizen.

2 Eier und Vollrohrzucker von Hand oder in der Küchenmaschine zu einer cremigen, luftigen Masse aufschlagen, etwa 15 Minuten. Nuss-likör unterrühren. Mehl und Salz dazusieben, vorsichtig unterheben. Teig in die mit Butter eingefettete Form füllen. Form in der Mitte in den auf 200 °C vorgeheizten Ofen schieben, Buchweizentorte 20 bis 25 Minuten backen. Nadelprobe machen. Biskuit aus dem Ofen neh-men und in der Form auskühlen lassen.

3 Torte mit einem scharfen Messer horizontal durchschneiden. Biskuit-boden mit Nusslikör beträufeln. Schlagrahm steif schlagen und etwa ein Drittel auf dem Boden verstreichen, mit Kirschen belegen. Torten-deckel darauflegen. Restlichen Schlagrahm auf Deckel und Rand ver-streichen, kühl stellen, Schokoladenraspel darüberstreuen. Nun am besten kurz im Tiefkühler fest werden lassen. Erst am nächsten Tag anschneiden.

Variante

2 bis 3 kleine Torten backen.

KASTANIEN-TIRAMISU

für eine rechteckige Form 🌿 **Biskuit** 4 **Eier** • 3 EL **Nuss-** (Ratafia) oder **Kastanienlikör** oder **Amaretto** • 3 EL **Akazienblütenhonig** • 1 **Bio-Orange**, abgeriebene Schale • 1 Prise **Meersalz** • 200 g **luftgetrocknetes (süßliches) Kastanienmehl** 🌿 **Füllung** 500 g **Mascarpone** oder **Vollmilchquark** oder **halb Mascarpone/halb Quark** • 2½ dl / 250 ml **Rahm/Sahne** • 220 g **Bio-Kastanienpüree** • 1 **Bio-Orange**, abgeriebene Schale • 2 EL **Akazienhonig** • 3 EL **Nuss-** (Ratafia) oder **Kastanienlikör** oder **Amaretto** • 3½ dl / 350 ml **starker Espresso** 🌿 **Kakaopulver**

1 Backofen auf 220 °C vorheizen. Blech mit Backpapier belegen.

2 Für das Biskuit Eier, Likör, Honig, Orangenschale und Salz von Hand oder in der Küchenmaschine zu einer luftigen, cremigen, weißen Masse aufschlagen, 10 bis 15 Minuten. Kastanienmehl darübersieben und mit einer Lochkelle unterheben; am besten macht man das zu zweit, jemand siebt das Mehl dazu und die andere Person hebt es unter. Teig auf dem vorbereiteten Blech verstreichen. In der Mitte in den Ofen schieben und bei 200 °C 12 bis 15 Minuten backen. Biskuit auf dem Blech auskühlen lassen.

3 Für die Füllung Mascarpone, Rahm, Kastanienpüree, Orangenschale, Honig, Likör und 1 Tasse Espresso glatt rühren.

4 Biskuit auf die Größe der Form zuschneiden (2 Biskuitblätter). Ein Biskuit in die Form legen und mit Kaffee beträufeln. Die Hälfte der Creme darauf verstreichen, das zweite Biskuit darauflegen und mit Kaffee beträufeln, restliche Creme darauf verteilen. 24 Stunden oder mindestens über Nacht zugedeckt im Kühlschrank fest werden lassen. Vor dem Servieren mit gesiebtem Kakakopulver bestäuben.

🌿

Fortsetzung auf Seite 138

Variante

Für das Biskuit Buchweizen- oder Quinoamehl anstelle von Kastanien-
mehl nehmen. 50 g Kastanienmehl durch 50 g Maisstärke ersetzen. Mit
glutenfreiem Mehl wird das Biskuit relativ brüchig, was für ein Tiramisu
aber kein Nachteil ist.

Tipp

Zum Tiefkühlen das Tiramisu am besten in 3 Portionen aufteilen.

MAISPLÄTZCHEN

200 g **feines Maismehl** • 75 g **Zucker** • 1 Briefchen **Vanillezucker** • 1 Prise **Meersalz** • 1–2 **Bio-Orangen**, abgeriebene
Schale von einer Frucht und 6–7 EL Saft • 100 g **Zartbitter-Schokolade**, gerieben • 100 g **weiche Butter** • 1 **Ei**

1 Alle Zutaten zu einem Teig kneten. Den Teig im Kühlschrank etwa
   1 Stunde zugedeckt ruhen lassen.
2 Backofen auf 180 °C vorheizen.
3 Teig 2 bis 3 mm dick ausrollen und beliebige Formen ausstechen, auf
   ein mit Backpapier belegtes Blech legen.
4 Maisplätzchen in der Mitte in den Ofen schieben und bei 180 °C
   12 bis 15 Minuten backen.

REGISTER